Les Yeux Grands Ouverts

Cécile Netteaul

Les Yeux Grands Ouverts

Challenge d'une jeune maman

© 2016 Cécile Netteaul

Edition : BoD - Books on Demand
12/14 rond-point des Champs Elysées
75008 Paris
Imprimé par BoD – Books on Demand, Norderstedt
ISBN : 978-2-81-062540-6
Dépôt légal : **Mars 2016**

à mon fils

Préface

Devenir maman a changé ma vie. Ma façon de manger, dormir, me laver, me promener, respirer, sourire, pleurer a évolué. Ma perception de l'existence toute entière n'est plus la même. Mes relations aux autres, ma vision du travail, ma conception de l'éducation, mes opinions fondamentales ou encore mon rapport à moi-même. Tout a été bouleversé par l'arrivée de ce petit être. Puis, surtout, j'ai découvert un univers jusque-là inconnu et j'en ai été étonnée. J'ai le sentiment qu'on cache bien des choses sur la maternité et sur la vie des jeunes mamans. Je refuse de faire de même avec mon expérience car je suis convaincue qu'elle peut trouver une résonance dans d'autres foyers. J'ai envie de vous ouvrir ma porte et de vous raconter mon histoire, la vraie. Sans édulcorant ni arôme artificiel. A l'ère où les apparences doivent coûte que coûte être tenues, je choisis d'aller à contre-courant en laissant tomber le masque et de partager avec vous ces quelques mois si riches et si imprévisibles.

Chapitre 1 : **Enceinte !**

*

Commençons par le début : Tomber Enceinte.
C'est vrai que le terme est bien choisi! Avant ce jour d'avril où j'ai ressenti dans mon ventre une douleur inhabituelle, je n'avais jamais prêté attention aux mots employés : Tomber Enceinte. Oui, c'est un peu comme se casser la figure. Surprenant, déstabilisant, désorientant. Pour ma part ce fut rapide. J'approchais de la trentaine et mon cerveau s'était mis en mode panique : BEBE, bébé, BEBE, bébé... C'était devenu subitement une nécessité. Un coup de l'horloge biologique diront certains. Bof. Je pense que pour moi c'était juste la rencontre entre mes projets de petite fille (« c'est sûr, je serai enceinte avant 28 ans ») et la pression sociale (« et vous, c'est pour quand? »). Bref, une fois chéri d'accord, nous voilà lancés dans ce beau projet. Sauf qu'il n'a fallu que d'une fois... Une seule fois. Même si c'est un choix, il faut l'avouer, ça surprend. Surtout chéri d'ailleurs qui, je cite, « croyait qu'il fallait en moyenne 6 mois pour tomber enceinte!!! ». Je n'en revenais pas non plus. Je me rendais compte subitement de la réalité de notre décision, de son caractère irréversible. N'allez pas croire ici que j'étais dans le regret ou que nous avions précipité notre décision. Non. Seulement entre songer à tomber enceinte et tomber enceinte *vraiment*, nous pensions qu'il y avait plus qu'un pas.

*

Au moment où j'ai eu des douleurs de règles à une date qui ne correspondait en rien aux dates habituelles de mes menstruations, j'ai eu un gros doute. Il faut savoir qu'à l'époque chéri travaillait à 150 kilomètres de chez nous, il s'était donc pris un studio en location et rentrait à chaque fin de semaine. Nous avions eu un rapport pendant le week-end et voilà que cinq jours plus tard se déclenche ma douleur utérine. Louche je vous dis. Je tapote fébrilement sur Internet : « mal au ventre début de grossesse ? ». Et je découvre que oui, potentiellement on peut avoir cette sensation dès le début. Après que le petit spermatozoïde a trouvé son ovule, l'embryon ainsi formé se déplace vers l'utérus. C'est une fois qu'il y est que l'on peut sentir quelque chose. Cela correspond à la nidation. Bref, je ne suis pas qualifiée pour vous faire un cours d'embryogenèse mais sachez mesdames que c'est un signe de début de grossesse. Première nouvelle. La douleur fut si vive qu'elle m'obligea à m'allonger quelques minutes sur le canapé. Puis, l'utérus ayant visiblement compris qu'il lui fallait se mettre au boulot, il me fit un ramdam pas possible pendant les trois semaines suivantes. Vous avez bien compris : un mois de douleurs de règles. Mais comme c'était pour faire un endroit bien confortable à bébé, quand j'avais mal, je souriais béatement au lieu de ronchonner. Les hormones sans doute.

*

Je repense avec tendresse à ces premiers moments de grossesse où se mêlent beaucoup de sentiments. L'excitation face à ce beau projet. La peur de l'immensité de ce même projet. L'inquiétude de la fausse-couche. L'amusement de garder un secret. La culpabilité vis-à-vis des copines qui veulent aussi un enfant mais qui n'arrivent pas à tomber enceinte. L'intérêt subi pour tout le matériel de puériculture. La sérénité de se sentir femme. La joie d'imaginer le futur nourrisson. L'envie que les choses s'accélèrent et que le ventre s'arrondisse.

*

Le premier trimestre de la grossesse peut soi-disant passer inaperçu. Du moins pour partie. Du moins pour certaines. Mouais. Comme je l'ai dit précédemment, j'ai su dès le début que j'étais enceinte. Pour autant, je n'avais aucune preuve. Juste l'intuition que mon corps faisait quelque chose d'inhabituel. La preuve est venue plus tard par le test de grossesse. Un vieux test périmé sorti du fond de ma boite à pharmacie environ deux semaines après le début de mes sensations utérines. Je n'avais pas la patience d'attendre un retard de règles. Le test était périmé, je ne risquais pas grand-chose. S'il s'avérait négatif, je n'aurais qu'à le jeter en imaginant que, périmé, un test ne peut jamais être positif. Je profite que chéri aille fumer une cigarette sur le balcon et me voilà partie aux toilettes, en mode James Bond : enquêter dans la discrétion.

+

Un test périmé peut donc être positif. Deuxième nouvelle. Bon. Mais un test périmé positif est-il vraiment positif ?? Flûte de zut. Sortons du mode J.B. et allons voir chéri.

*

Bien sûr, chéri n'en sait rien. Chéri se demande pourquoi on avait acheté un test de grossesse il y a si longtemps. Là n'est pas la question. Revenons aux sources sûres. Hum hum. Je tapote : « fiabilité test de grossesse périmé positif ». Sur plusieurs forums, je trouve les réponses suivantes : « un test périmé peut être négatif alors que l'on est enceinte », « si votre test est positif, périmé ou pas, vous êtes enceinte », « le test évalue le taux de HCG (hormone gonadotrophine chorionique) » ou encore « l'HCG n'est pas présente chez la femme non fécondée ». Il semblerait que je sois enceinte. Car mon test, même périmé, a réagi tout de suite et ne fait pas dans la dentelle. Le + est bien visible. Bon, en même temps, je le savais déjà (oui, j'ai mal au ventre, souvenez-vous). N'empêche que je ne serai pas contre une petite preuve vraiment fiable.

*

Suite à cet épisode, je me suis raisonnée : la meilleure preuve sera l'absence des règles. De toute façon, il n'y a rien d'autre à faire qu'attendre. Là m'est venue une autre illumination lexicale : <u>Attendre un Enfant</u>. En effet, au vu des premiers jours de grossesse, j'imagine que neuf mois, ça risque d'être sacrément long. Pour faire passer le temps j'ai suivi une envie qu'il ne serait pas excessif de qualifier de compulsive et je suis allée en librairie. J'y ai acheté mon cahier de suivi de grossesse et un livre bébé. Ce dernier était clairement orienté garçon (petits chaussons bleus sur la couverture) mais j'avais l'impression que mes intuitions ne pouvaient être fausses : de un, j'étais enceinte et de deux, c'était un garçon. Au pire, je me disais que ce ne serait que partie remise pour les utiliser...

*

Au premier jour d'absence de règles, me voilà débarquée à l'improviste chez ma gynécologue. Je m'assieds en salle d'attente. Je stresse. Elle va me prendre pour une folle dingue. Que lui dire? Je réfléchis à plusieurs scénarios sans trouver le meilleur. Je préviens les personnes assises que je suis là pour prendre rendez-vous. Quand elle arrive finalement et fronce les sourcils devant ma présence, je me lève et sors de la salle d'attente, lui emboîtant le pas. A peine ai-je franchi la porte que je lâche : « je suis enceinte » et, pour ne pas faire les choses à moitié, je me mets à pleurer. Avec le recul, je comprends que c'est l'explosion des derniers jours de retenue et d'interrogations. Sur le coup, je me sens juste idiote et j'ai l'impression d'avoir quatre ans. Elle me regarde en souriant. « C'est désiré? ». Je la rassure : « oui, oui, mais maintenant que je suis enceinte, qu'est-ce que je dois faire? ». Pour les lecteurs qui ne comprendraient pas cette interrogation, sachez que je supposais alors qu'il y avait une batterie de tests et de documents administratifs à remplir. En réalité, à peu près tout peut attendre. Surtout quand on est à J+1 de retard de règles... Ma gynécologue n'ayant pas souhaité me faire de prise de sang pour *vérifier*, je n'avais strictement rien d'autre à faire que de commencer à prendre des suppléments en acides foliques. Mesdames, si vous envisagez un bébé, ces compléments sont conseillés dès les tentatives de conception (et même avant, rapport à mon premier paragraphe).

*

Quelques jours plus tard, je continue à cogiter : et si mes douleurs étaient en fait un signe de fausse-couche? Que celle qui ne s'est jamais posé cette question lève le doigt. Voilà, j'en étais sûre : personne. Je tapote : « fausse couche sans perte de sang ». Allez savoir pourquoi (qui a dit : « elle l'a bien cherché »?) je tombe sur un tas d'histoires horribles que je vous épargne et je commence à flipper sévère. Ma gynécologue me rassurera plus tard lors d'un rendez-vous : quand on fait une fausse-couche, on perd du sang. Par la suite, une de mes copines à qui c'est arrivé n'a pas perdu de sang. J'ai tourné ça dans tous les sens sans le comprendre. Par ailleurs, quand on perd du sang on ne fait pas forcément une fausse couche... Cherchez l'erreur. Bref, les douleurs passèrent et cela m'inquiéta d'autant plus. Mon utérus ne faisait-il donc plus rien? Ne supportant plus ce doute dû à la date de péremption du premier test, je décidai un arrêt en pharmacie. Vous devinez le résultat du nouveau test acheté. Afin de pouvoir le regarder les jours suivants, je préférai le garder dans le tiroir de ma commode. Oui, je sais, c'est un peu cracra mais le pire c'est que je l'ai toujours! J'envisage de le jeter (un jour) (peut-être).

*

Il s'était écoulé un mois de grossesse quand la fatigue me tomba dessus. Je me sentais vaseuse comme après une nuit blanche, j'avais envie de me coucher en rentrant du boulot... Puis les nausées arrivèrent. Au début, il s'agissait juste d'une sensation désagréable à l'ouverture du frigo. Moi qui suis ~~une vraie morphale~~ un peu gourmande, plus rien ne me disait. Pas même le chocolat, c'est dire! Je me souviens de courses avec chéri qui furent particulièrement compliquées. Les aliments me dégoûtaient, j'avais du mal à remplir le caddie. Au rayon viande, mon odorat semblait surdéveloppé ; jamais je n'avais senti si fort les odeurs de poulet. Impossible pour moi de rester là, je me réfugiais au rayon fruits et légumes. Un homme un peu négligé y remplissait un sac. Transpiration, alcool, cigarette ou simplement saleté, je ressentis un haut-le-cœur violent et compris que, tout ça, c'était probablement un des revers de la médaille de la grossesse. Je sous-estimais alors un peu le truc. Les jours qui suivirent furent difficiles. Je perdis un kilo chaque semaine, je restais couchée chez moi les soirs et les week-ends.

Mon médecin ne voulut pas me prescrire d'arrêt de travail, ma gynécologue non plus. « Vous êtes enceinte, c'est normal ». N'empêche que j'en bavais. Il m'arrivait de m'asseoir à côté des toilettes sur mon lieu de travail et d'y rester une heure, convaincue que j'allais vomir, priant pour que personne ne remarque mes absences. C'était sans compter sur la vigilance de mes collègues qui, me trouvant mauvaise mine et me voyant m'éclipser, commencèrent à suspecter quelque chose. Quelques jours plus tard, je fis taire les bavardages en leur annonçant ma grossesse. Ce fut ensuite plus simple pour moi, les cachotteries me mettant mal à l'aise. Après avoir touché un point culminant, où les nausées ne me quittèrent pas une minute pendant quinze jours, cela s'estompa assez vite. Pour ceux qui pensent que quinze jours c'est peu, imaginez la chose suivante : vous êtes en car/avion/bateau (peu importe) et vous avez le mal des transports. Vous sentez que vous allez vomir mais, au final, non, vous ne régurgitez rien. Vous courez aux toilettes plusieurs fois mais vous réussissez à garder la nourriture si difficilement ingérée (vous n'avez aucune envie de vous retaper cette corvée). Vous aimeriez bien souffler un peu, descendre de votre moyen de locomotion, mais c'est impossible. Et pour couronner le tout vous n'avez aucune idée de la durée du voyage : il peut s'arrêter du jour au lendemain comme il peut continuer plusieurs mois. Alors, quinze jours, pour moi, ce fut long, horriblement long.

*

Comme tout secret, une fois dévoilé, il perd un peu de sa valeur. Puis il devient dangereux. Que diraient maman/papa/mamie/oncle Henri s'ils l'apprenaient par une collègue de travail? Bien sûr, en théorie, maman/papa/mamie/oncle Henri ne connaissent pas de collègue, mais bon. Et puis les amis, les voisins, les connaissances? Quand dire quoi à qui? Pour ma famille, dont je ne suis pas très proche, je décidai d'attendre. Pour mes amis, quelques-uns furent mis au courant, pour la joie de l'annonce, le partage du secret mais le côté pratique aussi. Quand on va à un anniversaire avec la mine verdâtre, qu'on part se coucher à vingt et une heures et qu'on ne boit plus d'alcool, on a vite fait d'attirer l'attention. Un de mes voisins copropriétaires eut aussi l'info assez tôt. Il me conviait à une réunion qui commençait à vingt heures… Horaire à laquelle il m'aurait été fort difficile de m'extraire de mon lit. Garder le secret en somme, c'est facile avec les gens qu'on ne voit pas.

*

A la fin du premier trimestre, les douleurs au ventre étaient passées, les nausées aussi. J'avais toujours du mal avec certains aliments mais je ne me sentais plus si fébrile et j'avais cessé de perdre du poids. Niveau effets secondaires, ce qui se dégageait le plus désormais était mon SNU. Késako? Le Syndrome du Neurone Unique! Assez hallucinant chez moi : je disais des phrases qui n'avaient pas de sens, je posais des questions qui contenaient la réponse, j'enchaînais les bourdes (ah? c'était secret?). La vitre de voiture laissée toute la journée ouverte, les clefs d'appartement restées sur la porte, la casserole oubliée trop longtemps sur le feu et j'en passe. C'étaient de petites choses du quotidien qui peuvent arriver à tout le monde. Sauf qu'il m'en m'arrivait alors tous les jours et pour certaines, c'était du jamais vu. Heureusement, (presque) tout le monde pouvait désormais mieux comprendre mes comportements étranges. J'annonçai la bonne nouvelle facilement, j'appelai maman/papa/mamie/oncle Henri. Je restais cependant sur la réserve auprès de certains de mes amis à qui j'estimais ne pas pouvoir encore en parler. L'une de mes bonnes copines était en cours de fécondation in vitro et je trouvais inopportun de lui parler de ma grossesse à ce moment délicat de sa vie. Par conséquent, je préférais garder le secret aussi avec les personnes qui nous connaissaient toutes les deux. Ce fut assez lourd à porter car je dus retenir mon envie de partager ma joie avec des personnes proches mais j'assumais mon choix par respect et par amitié. C'est à cette époque que naquirent (il en jette ce passé simple de l'indicatif!) mes premiers sentiments de solitude. Parallèlement, chéri et moi préparions nos vacances d'été : un séjour en bord de mer dans une résidence confortable avec piscine (pour les jours où je n'aurai pas le courage de me traîner à la plage). Et surtout, à la fin de ce premier trimestre, nous avions rencontré bébé.

*

Depuis les premiers jours j'étais stressée mais la veille de l'échographie je fus *très* stressée. Et s'il n'y avait pas de bébé dans mon ventre? Petit coup d'œil au test gardé sur la table de chevet : +. Ouf. Et s'il était mort? Oui, à cet instant le lecteur se demande quel type de psychopathe je suis. Si le lecteur est une lectrice, il est possible qu'elle me comprenne. Sinon, mettons ça sur le dos de mon caractère ultra cérébral. Vient le moment où je dois m'allonger sur la table. La sonde à ultrasons se pose sur mon ventre et bébé apparaît. Incrédulité. Il est vraiment là? Bruit du cœur. C'est lui ça? Sourire béat. Malheureusement une échographie ce n'est pas que du bonheur. C'est aussi de l'inquiétude. L'échographiste fixe l'écran, calcule des trucs, le tout dans un état de concentration maximum. Et même si l'on sait que c'est la procédure classique, c'est flippant. Entendre « c'est parfait, tout va bien » à la fin, ça soulage. Malgré le fait qu'avant de rentrer dans la salle on t'a fait signer un papier comme quoi tu es bien informée qu'on ne peut pas tout voir à l'examen. Quand même, ça soulage! Je ne pensais pas qu'on voyait si bien le bébé dès la première échographie. On peut déjà tout détailler. Sauf le sexe. Nous souhaitons le connaître mais nous ne voulons aucun doute donc il faut attendre le prochain rendez-vous.

*

Le deuxième trimestre a été top. Seule la fatigue a persisté, nous obligeant à nous coucher tôt. Très tôt. Or c'était l'été et nous avions des vacances. Chéri a été compréhensif mais il aurait bien profité autrement. Moi, je me sentais hyper bien. Mon ventre s'arrondissait doucement de sorte que ce soit juste joli, sans être encore trop encombrant. J'arrivais à m'habiller avec mes vêtements habituels, il me fallait juste choisir des robes amples, des hauts larges et des jupes à taille élastique. Je tenais même dans mon maillot ! Comme quoi avec le recul je me dis que mes seins (que je trouvais alors énormes) n'avaient pas encore montré tout ce dont ils étaient capables (à ce jour, ils ne sont toujours pas revenus à leur ancien volume sans vouloir vous faire flipper!). [Erratum, un an plus tard, mes seins sont officiellement redevenus normaux, hip hip hip ! hourra ! Et au passage, tant que j'y suis, j'ai retrouvé ma ligne, ce qui me donne le droit de frimer, na !] Et puis j'avais une sensation d'épanouissement pas croyable. Je mettais en perspective (dans quelques mois...) mes tracas quotidiens et relativisais ainsi beaucoup plus facilement. Après tout je portais la vie! Cette idée faisait de moi un être à part. Bien que de nombreuses femmes portent un jour un (ou plusieurs!) enfant(s), j'avais l'impression de faire un truc dingue. J'avais conscience de vivre une expérience hors du commun.

*

Mes yeux brillaient devant les vêtements pour bébé. Chéri et moi achetions dès la fin du quatrième mois des articles. Nous prenions pour excuse qu'il y avait des remises. Mais la vérité, c'est qu'on avait trop hâte pour attendre. Ainsi, gigoteuse, combi-pilote et autres ensembles de naissance vinrent se loger dans nos armoires. Pour autant, nous étions raisonnables, contenus par l'idée d'attendre de savoir le sexe avant de vraiment nous lâcher.

*

Si, quand même, il y a un embêtement qui me revient là, et pas des moindres : l'envie d'uriner à peu près toutes les heures. Ça ne paraît pas grave à première vue mais c'est contraignant. J'avais développé un radar à WC. Et j'en ai vu de toutes les couleurs. En allant du toilette supra classe d'un restaurant chic à celui, public et méga crado dans lequel je n'ai même pas pu entrer, je suis passée par à peu près tous les styles : les turcs, où on se sauve vite pour pas se prendre la chasse d'eau, les très prisés, avec file d'attente où personne ne laisse passer la femme enceinte (chacune pour sa peau!), les natures, derrière un arbre en cas d'urgence ou dans l'eau à la plage (et pourtant ce n'est pas mon truc!), les sans chasses d'eau, vive les odeurs, les privés fermés à clef, ceux, payants, dont on découvre l'état après avoir payé (!), les autonettoyants, avec plus ou moins de papier collé au mur... Bref, des visites tout à fait diverses puisque nous nous promenions pas mal. Sur le coup, je me suis posée la question de savoir si un guide des toilettes existaient. Genre les bons plans, les endroits à éviter... Je crois qu'il y a des gens qui planchent là-dessus, notamment sur le net, avec des géo localisations de WC et des avis d'utilisateurs. Franchement, si j'avais un smartphone et que cette application existait je n'hésiterais pas à la télécharger.

*

Mais il se trouve que, même une fois le toilette praticable déniché, il reste un problème de poids. Le ventre ! Faire pipi les fesses en l'air (ne pas s'asseoir sur la cuvette pour éviter l'infection urinaire ou tout simplement parce que c'est sale) quand on est enceinte ça se complique. La gestion du centre de gravité, la puissance des muscles pour tenir la position. Pas facile. Alors il y a plusieurs options. La tête brûlée : je m'assoie et advienne que pourra. L'organisée : j'ai des lingettes désinfectantes dans mon sac et des gants en caoutchouc. La bricoleuse : je tapisse la cuvette avec du papier mouchoir. La sportive : pas de soucis pour garder les fesses en l'air même sur un siège pour handicapé (qui sont plus hauts) et même en cas de grosse commission. La calculatrice : si je vais aux WC à l'hôtel avant de partir au marché et qu'on va suffisamment vite à faire nos courses, je devrais pouvoir tenir jusqu'à notre arrivée chez ma cousine qui nous a invité à déjeuner. L'adaptable : celle qui pioche dans les options précédentes en fonction des situations.

*

Et, tant qu'on y est, restons dans le thème. On dit souvent que la femme enceinte est constipée. Pas facile sans doute mais imaginez un peu l'inverse : la diarrhée plusieurs fois par jour. Avec tout ce que je viens de vous raconter sur la galère des WC vécue par la femme en général, compliquée encore par sa grossesse, je vous laisse imaginer notre quotidien. Nous avions pensé à une excursion en bateau mais il s'avéra que la présence des WC à bord n'était pas garantie. Certains en avaient, d'autres non et il était impossible de le savoir à la réservation donc nous nous sommes vus contraints d'y renoncer. En revanche, nous avons utilisé une navette pour aller sur un petit îlot de sable. Nous pensions y rester quinze minutes maximum et uniquement profiter du panorama. Nous étions donc partis sans eau, sans crème, sans maillots, équipés uniquement d'un appareil photo. Sauf que nous avions fait une erreur de calcul sur le temps de la traversée. Nous voilà donc devant un dilemme : ne pas descendre de la navette et repartir aussitôt ou bien rester une bonne heure sur l'îlot en attendant la prochaine. Je ne regrette pas d'avoir choisi la deuxième option car l'endroit était réellement féerique mais je retiens aussi l'inquiétude liée à l'absence totale de solution en cas de souci sphinctérien urgent! Pas un arbre, pas un cabanon, pas de maillot pour aller dans l'eau! Et des touristes un peu partout. Les boules quoi. Heureusement j'avais eu la bonne idée de faire un arrêt en forêt avant d'embarquer et il me fut donc possible d'attendre le retour. Ouf. Certaines femmes m'ont dit ne pas avoir eu ce genre de tracas pendant leur grossesse. De mon côté, cela commença dès le premier trimestre (incluant un réveil nocturne, marquant la fin des nuits entières) et n'est toujours pas terminé à ce jour même si je crois que c'est en bonne voie (tentative d'auto-persuasion…). [Erratum : un an plus tard, les levers nocturnes dus à ma vessie sont franchement exceptionnels] [Erratum bis : un an et demi après, nada, plus rien, j'ai retrouvé toutes mes capacités sphinctériennes ! Hourra !]

*

Etre enceinte en vacances c'est également être un peu frustrée quand, au restaurant, le jambon de pays vous fait de l'œil. C'est ne pas oser les crustacés. C'est aussi avoir un doute sur les salades ou autres crudités (risque de toxoplasmose si elles étaient mal lavées). C'est se montrer très regardante sur les cuissons. Vous me direz : ces soucis-là ne sont pas réservés qu'aux vacances. C'est juste. Mais quand on est chez soi, on respecte les règles qu'on veut. A l'extérieur ça se complique. Ceci dit, même chez soi c'est frustrant, je vous l'accorde. A la fin du deuxième trimestre, cela fait donc environ six mois que l'on se prive de certains aliments. La charcuterie artisanale et le fromage au lait cru me manquaient beaucoup. Et, depuis autant de temps, on ne s'autorise plus une goutte d'alcool. J'en bois peu à l'origine mais quand même, il y a des occasions où c'est difficile : mariage, noël, anniversaires ou bien tout simplement grande réunion de famille où le gewürztraminer vous tenterait pas mal...

*

A la fin du deuxième trimestre, il y a aussi de bonnes nouvelles. Comme les premiers mouvements de bébé sentis par la future maman puis par le futur papa. « Tiens touche! Il bouge ». Puis le temps que la main de chéri n'arrive : « ah non, là, il ne bouge plus ». Mais un jour, chéri dit « oui, ça y est j'ai senti » et on ne se lasse pas de sentir, toucher, lui parler pour voir s'il réagit, chercher à savoir ce qu'il fait (coup de pied? Coup de tête ?). Ici, bébé a souvent eu le hoquet, ce qui m'embêtait un peu pour lui, même si je trouvais cela hyper mignon. Puis ceux qui veulent savoir le sexe ont enfin eu une réponse sûre. Je fais ici un arrêt sur image pour notre deuxième échographie, qui nous a appris que c'était un garçon (youpi ! J'avais raison). L'ambiance est la même que la première fois : regards concentrés, mains moites, silence. Et au bout de trente minutes l'échographiste qui me dit : « je n'arrive pas à voir le cœur du bébé comme il faut, je vais devoir vous appuyer sur le ventre pour essayer de le faire bouger ». Et après plusieurs tentatives (fort peu agréables mais pas douloureuses) : « ça ne fonctionne pas, il va falloir que vous alliez marcher un peu ». Par « marcher un peu » elle entendait : faire des mouvements pendant trente minutes de trottinement, de flexions, de petits sauts et de marche rapide. Dans mon entrain à vouloir que le bébé change de position, je tente même un équilibre (j'ai un bon gros passé de gymnaste). C'est au moment précis de la réception que je me suis rendue compte que je ne pesais plus le même poids et que j'ai réalisé la stupidité de mon geste. Passons. Retour en salle de consultation. « Ah oui, il a bougé un peu ». Quoi? Tout ça pour qu'il bouge seulement « un peu »! Je me vois déjà renvoyée dans le couloir pour y faire de nouveaux exercices. Mais non, ce « un peu » suffit à montrer ce qu'il y a à voir. Et tout va bien. Et comme c'est un garçon, vous imaginez un peu la tête du futur papa qui se voit déjà jouer au foot avec lui. Il a souri béatement pendant plusieurs jours. Ce qui aurait dû me mettre la puce à l'oreille sur son état cotonneux au moment de l'accouchement. Enfin ça, c'est une autre histoire et avant d'y être, il nous reste quand même trois mois.

*

Au troisième trimestre, beaucoup de femmes sont arrêtées. Ce fut mon cas. Je ne suis tellement plus en mesure de faire mon travail que, les derniers jours, je ne le fais qu'à moitié, sous le regard bienveillant de mes collègues qui espèrent avec moi que je sois arrêtée. A vrai dire, j'y avais pensé dès le début du sixième mois, sans vraiment en sentir le besoin imminent. Mais au début du septième, là, je suis prête à pleurer pour qu'on m'arrête. Oh joie! A notre rendez-vous mensuel, ma gynécologue va dans mon sens. Je me sens soulagée immédiatement et j'imagine alors profiter de mon congé pour faire tout un tas de choses. C'est sans compter sur les horaires de sortie qui me sont imposées! Sortir avant neuf heures? Un peu tôt, un peu embouteillé et les magasins ne sont pas ouverts! Sortir entre onze et quatorze heures? Oui, pour faire une course rapidement mais quand on est enceinte on n'a pas très envie de sauter un repas... Sortir après seize heures? Oui, à condition d'être en été. En plein mois de novembre, avec la nuit tombée tôt, la pluie dehors, les gens qui rentrent du travail, j'avais moyennement envie... Déjà parce que dans un bouchon, on risque de rester plus longtemps que ce que ma vessie permettait. Ensuite parce que, conduire, j'y arrivais encore mais il fallait y aller mollo sous peine de déclencher pas mal de contractions. Enfin, parce que ni mes jambes ni mon dos n'affectionnaient les positions prolongées.

*

Donc ces horaires allaient me pourrir la vie jusqu'à la date de mon congé officiel. Au début, je me souviens m'être dit : « tu feras tout ça quand tu n'auras plus à t'embêter avec tes horaires de sortie ». Mais, rapidement, j'ai trouvé le temps long. Et j'ai commencé à m'inquiéter de savoir si, une fois que mes horaires seraient libres, mon corps le serait toujours. Je craignais notamment de ne plus pouvoir me déplacer seule en voiture. Je craignais aussi les files d'attente liées aux fêtes puisqu'on serait à ce moment-là en décembre. J'en profite ici pour faire une parenthèse sur les courses. Il y a toujours des caisses réservées aux femmes enceintes. Chouette, un avantage à la grossesse. Au début, quand mon ventre se voyait peu je n'osais pas trop y aller, ou, si je m'y aventurais, je comprenais qu'on ne me propose pas de passer devant. En fin de grossesse, avec le ventre bien rebondi, je constatais avec surprise qu'on ne me laissait toujours pas passer! Et je le comprenais beaucoup moins. Des tas de personnes utilisent ces caisses sans se soucier de leur spécificité et d'autres les utilisent parce qu'ils en ont le droit : les invalides. Je n'avais pas remarqué à quel point ils sont nombreux avant d'être enceinte. Du coup, si on met tous les invalides et toutes les femmes enceintes à une seule caisse, au final, la file est plus longue. Rajoutons ceux qui n'ont rien à faire là, ça fait du monde. Résultat : la plupart du temps je prenais une caisse lambda. Et j'étais plutôt déçue de voir que, finalement, être enceinte ne change rien à la pénibilité de faire la queue, bien au contraire.

*

Mais pour le moment, il me fallait avant tout m'occuper. Je surfais sur le net pour faire passer le temps. Je me lançais dans de grandes préparations culinaires. J'essayais de passer des coups de fil mais je réalisais alors que les personnes ayant une vie active n'avaient pas autant de temps que moi à consacrer au téléphone. Assez rapidement, je me sentis seule et isolée. Pourtant mon conjoint était au chômage... C'est dire si je compatissais à la cause de celles qui sont alitées en fin de grossesse (ou pire, dès le début!) et si je ne les enviais pas. Il est vrai que j'avais le droit de bouger. En restant chez moi. Et sans en abuser. Mon corps me rappelait à l'ordre quand j'en faisais trop sur le ménage par exemple ou simplement quand je restais debout trop longtemps en cuisine, ou encore si je voulais soulever le matelas pour faire le lit, ou aussi si j'entreprenais de ranger quelque chose dans un tiroir un peu bas. Un peu tout le temps en fait. Alors je privilégiais les activités manuelles, si possible pouvant être réalisées assise. Mais là encore je fus vite rattrapée par une autre complication de la grossesse : l'œdème.

*

Comme nous étions en hiver, je vivais bien l'idée de porter des bas de contention. Je n'avais pas de mal à les supporter ni à les assortir à mes tenues. En revanche, quand mon œdème migra aux bras, les difficultés commencèrent. D'abord, ce furent des fourmillements dans les doigts, puis des difficultés à ouvrir les pots et les bouteilles. Quand cela devint douloureux, je fus contrainte de cesser mes activités manuelles. Taper sur un clavier était désagréable, couper une carotte difficile, écrire, même une simple adresse sur une enveloppe me prenait de vastes minutes. Je fus contrainte de renoncer aux tartines du petit-déjeuner car les beurrer était devenu un chemin de croix. Main droite ou main gauche même combat. Chéri me proposait de me les faire mais c'était tellement dégradant de se sentir à ce point dépendante que j'y renonçais et passais aux céréales. C'est la nuit que cela m'était le plus insupportable. La douleur me réveillait, lancinante, comme une brûlure. Pour me soulager, je cherchais les endroits froids sur le drap, je devais garder les deux bras tendus, les mains ouvertes et dans l'axe. Sachant que mon ventre m'empêchait depuis un moment de dormir dessus et que la position dorsale me faisait souffrir du dos, c'était un casse-tête. Je dormais donc mal, par intermittence, et je supportais cette douleur puisqu'il n'existait à priori rien qui puisse l'atténuer. Mais en plus de l'inconfort physique et de la fatigue qui en résultait, c'était mon moral, vous l'aurez compris, qui en prenait un coup. Que faire de mes journées désormais?

*

Les cours de préparation à l'accouchement sauvèrent quelques-unes de ces journées moroses, où tourner en rond était ma principale occupation. J'aimais ces rendez-vous qui me projetaient dans un futur proche et, surtout, qui donnaient un sens à mes difficultés. En semaine, j'avais une préparation classique où les sujets principaux liés à l'arrivée de bébé étaient discutés. J'avais alors certaines idées bien arrêtées sur ce que je voulais ou non. Par exemple, je pensais que bébé dormirait dans sa nacelle, près de notre lit. Ou encore, je me voyais prévenir la sage-femme que je préférais une déchirure naturelle à une épisiotomie. Quelques sujets toutefois me laissaient dans le doute : allais-je allaiter ou pas ? Prendrais-je la péridurale ? Cela ne me stressait pas du tout et chéri comprenait ces indécisions. Nous attendions de voir ce qu'il en serait, le moment venu. J'appris aussi au cours de ces séances à souffler pendant la poussée. C'était bien plus facile pour moi que de pousser en apnée. Les samedis, j'avais des séances en piscine et cette façon de pousser y fut travaillée également. Je me sentais confiante. J'avais le sentiment de bien maîtriser mon corps et mon souffle. Dans l'eau, c'était un travail en couple. Chéri était près de moi et nous nous amusions beaucoup des exercices qu'Anna nous faisait faire. Elle travaillait en lien avec la maternité où je m'étais inscrite. Elle me confortait dans le choix de cette clinique par son discours empathique et moderne : « on ne vous forcera pas à accoucher d'une façon ou d'une autre, vous soufflerez comme bon vous semble, la volonté de la future mère est toujours écoutée »... Je passais de réels bons moments dans cette piscine, d'autant que mon corps s'en trouvait soulagé. J'avais toujours l'impression de prendre vingt kilos quand j'en ressortais! Malheureusement la suite me montra qu'au-delà de m'occuper les cours de préparation ne m'avaient pas servi à grand-chose.

Chapitre 2 : *Bébé… Ou l'arrivée d'un tsunami.*

*

On me l'avait seriné : « quand les contractions démarrent, ne partez pas immédiatement mais attendez qu'elles soient régulières, espacées d'environ cinq minutes, pendant deux heures non-stop ». J'imaginais que deux heures de douleur, c'était long. Mais quitte à souffrir, je rejoignais l'avis des sages-femmes pour dire qu'il vaut mieux être chez soi. Je n'avais pas l'intention de prendre la péridurale dès le début de toute façon. J'étais donc prête, psychologiquement en tout cas, pour affronter ce moment à la fois tant attendu et inédit.

*

Dimanche.
8h. Début des contractions. Elles ne sont pas douloureuses mais elles sont différentes de celles que j'avais ressenties jusque-là pendant ma grossesse. Dès le quatrième mois, j'avais eu des contractions ponctuelles, plus ou moins prononcées, liées à mon activité ou à la voiture. Ce coup-ci, elles sont arrivées alors que j'étais reposée et allongée. Elles touchent les reins en plus du ventre, comme si mon bassin entier travaillait. Elles sont irrégulières jusqu'à 15h puis elles commencent à se rythmer. Je branche le minuteur de mon téléphone pour les évaluer et note une certaine régularité. Toutes les sept à huit minutes. Je les trouve cependant largement supportables donc je ne me presse pas. Je suis assez excitée à l'idée d'accoucher bientôt.

18h. Cela fait trois heures de contractions régulières : j'appelle la maternité pour leur expliquer. Une sage-femme (homme!) me dit que « si cela ne vous fait pas trop mal, c'est un peu louche » et me conseille de prendre un bain pour savoir s'il s'agit vraiment du travail de l'accouchement ou si c'est juste un travail de maturation du col. J'écoute son conseil et, en sortant du bain, j'envisage toujours la maternité car les sensations n'ont pas bougé. Néanmoins, comme il est l'heure de manger, je préfère prendre un dernier repas avant de partir.

21h. Les contractions ont l'air de s'espacer, je me pose des questions. Serait-ce finalement une fausse alerte?

22h30. Je décide d'aller me coucher pour prendre autant de repos que possible.

*

Lundi.

0h30. J'ai réussi à dormir environ deux heures avant que les contractions ne me gênent de nouveau. Elles sont devenues douloureuses mais sont peu régulières et trop espacées.

7h30. La régularité arrive. La douleur persiste. Je branche le minuteur. Mon téléphone m'indique des espacements de cinq à dix minutes. Au bout de trois heures à ce régime, je décide d'aller prendre un bain. Comme celui-ci ne change rien, je pense que nous allons partir à la maternité après le repas du midi. Le futur papa fait le point sur la valise de maternité.

12h30. Elles s'espacent de nouveau, me laissant un peu perplexe. Je ne peux pas vraiment me reposer car en position allongée elles redoublent d'intensité. J'attends la fin de la journée, avec des contractions toujours trop éloignées les unes des autres pour partir.

23h. Je décide d'aller me coucher. Malgré la gêne, j'arrache deux heures de sommeil.

*

Mardi.

1h30. Douloureuses et régulières, espacées de sept à huit minutes. Impossible de *dormir*. Au bout de trois heures ainsi ponctuées, j'espère que c'est pour cette fois mais je ne sais plus trop quoi penser. Je me lève pour aller dans un bain, la position au lit est devenue insupportable. S'immerger est agréable mais ne fait pas cesser le tempo. Mon principal problème est que les choses ne s'accélèrent pas, ne s'intensifient pas. J'attends désespérément de voir sur mon minuteur une évolution, signe que cette fois-ci serait différente des précédentes.

6h. Le rythme diminue. Je comprends que, pour la troisième fois consécutive, mon corps n'a fait *que* s'entraîner. Je dors une heure, me réveille une heure puis retrouve le sommeil pour une dernière heure. Les contractions sont bien là mais moins fortes et clairement espacées donc je continue d'essayer de me reposer car tout cela est usant.

12h. Mon utérus joue avec mes nerfs mais l'après-midi est calme : physiquement je souffre un peu moins. Nous sommes le trente et un décembre. Nous prévenons nos amis de notre absence au réveillon car je risque d'avoir du mal à tenir la soirée. Je me couche à vingt-trois heures après un bain.

00h. Je sombre dans le sommeil tandis que j'entends au dehors les cris des voisins et les feux d'artifice.

*

Mercredi.
2h50. Je me réveille à cause des contractions qui sont toujours là, plus ou moins fortes, plus ou moins régulières.

7h. Voilà plusieurs heures que je ne dors pas. Je veux savoir où en sont les intervalles. J'allume le minuteur et je constate qu'ils sont toujours compris entre cinq et dix minutes.

8h. Je réussis à me rendormir.

9h. De nouveau réveillée, je décide de me lever. Un passage aux toilettes m'interpelle : il y a des pertes glaireuses jaunâtres qui tombent. Je pensais avoir perdu le bouchon muqueux il y a déjà plus d'une semaine. Ces pertes continueront dans la journée. Je n'ai que quelques sensations isolées mais j'appelle la maternité car j'en ai marre de cet état de douleur et de fatigue. A quoi cela correspond-t-il? Le bébé peut-il en souffrir? La sage-femme au bout du fil me certifie qu'il n'y a rien à faire. Je m'en doutais. Quelques larmes roulent sur ma joue. Elle me propose d'aller acheter un antalgique et un antispasmodique pour mieux supporter. Tant que je sens le bébé bouger elle ne trouve pas cela inquiétant. Elle pense que l'accouchement sera pour bientôt mais elle me rappelle que, quand le travail aura vraiment démarré, la régularité des contractions sera plus nette. Ce matin-là, je tente donc de me recoucher après la prise de l'antalgique. Pas d'amélioration : être couchée est décidément pire que tout.

14h. Nous sommes le premier janvier et nous partons en quête d'une pharmacie de garde pour acheter l'antispasmodique conseillé. Puis nous faisons une grande balade dans le parc, dans l'espoir de déclencher le *vrai* travail.

20h30. Les contractions sont là, intenses. Je relance le minuteur.

23h30. Je suspecte que ce n'est toujours pas suffisant et je me couche après un bain et la prise de l'antispasmodique. J'ai toujours autant mal. La régularité des contractions oscille entre cinq et huit minutes, j'attends de voir si cela se précise ou si je vais (enfin) dormir.

*

Jeudi.
00h. J'ai trop mal, je me relève. Je préviens le papa que je veux aller à la maternité. Il me demande d'attendre encore trente minutes. Je me recouche, regarde passer les minutes et retourne lui confirmer qu'on y va. Il est sceptique. Je suis un peu d'accord avec lui, on ira sans doute pour rien mais je n'en peux plus. Pourtant, je reprends un antispasmodique et reste assise sur mon lit à attendre, le minuteur près de moi, cliquant à chaque contraction.

2h. Départ à la maternité. Les contractions sont régulières depuis cinq heures maintenant. A notre arrivée à la maternité, on nous installe dans une salle d'examen pour y attendre la sage-femme. Elle s'appelle Laurène et est jeune. Elle m'explique que nous allons commencer par un monitoring de trente minutes. Je reste donc branchée et allongée pendant que l'appareil enregistre mes contractions et l'activité du bébé qui a l'air d'être en pleine forme. Puis Laurène me fait un toucher vaginal : mon col s'est raccourci mais pas effacé. Il est ouvert à un doigt. Laurène me dit qu'on est à priori dans une phase de maturation du col qui peut durer deux, trois ou quatre jours mais qu'il ne s'agit pas du début du travail. Je m'attendais à cela mais je suis déçue quand même. On entame le cinquième jour de douleur et visiblement ce n'est pas assez. Je suis inquiète à l'idée que cela continue et effarée par la perspective de ne plus dormir. Je suis déjà très fatiguée et quand nous rentrons, j'ai un peu le cafard. Et si bébé naissait au terme? Et si je souffrais et ne dormais plus pendant les quinze prochains jours? Comment moi, grosse dormeuse, vais-je pouvoir encaisser ça? Mon moral va-t-il tenir? La sage-femme me laisse pour consigne de ne revenir que quand les contractions seront très proches et la douleur insupportable. En attendant, elle n'a pas de solution pour me soulager et m'aider à me reposer. Les bains et les médicaments ne fonctionnant pas, je suis dans l'impasse.

4h30. Nous nous couchons. Je continue à me tordre et à gémir tandis que le futur papa s'endort.

6h. Je m'écroule dans un sommeil ponctué de réveils douloureux mais moins fréquents. Je ne vois plus les minutes défiler.

9h30. Au réveil, les contractions sont toujours là, douloureuses mais très espacées (seulement trois à quatre par heure). Le futur papa m'amène le petit déjeuner au lit et refait chauffer ma bouillotte puis il part faire des courses en me laissant me reposer. Je continue à me tordre au rythme des contractions utérines.

12h. Nous mangeons. Ça continue. Je sature.

13h30. Je me recouche avec une nouvelle bouillotte et essaye de profiter du repos entre deux contractions. J'espère de toutes mes forces accoucher avant la fin de la semaine et je me raccroche à cette idée pour me donner du courage. Je vais aussi beaucoup sur les forums d'Internet pour lire des témoignages. J'y vois un peu de tout mais globalement personne qui ait souffert pendant autant de jours. On ne peut pas me dire quand tout cela s'arrêtera.

14h. Une contraction me réveille mais je me rendors vite.

14h30. Une autre contraction me réveille. Cette fois-ci, je ne me rendors pas. J'attends la prochaine.

15h. La voilà, je l'encaisse puis je me lève. Le reste de l'après-midi est calme. L'espace entre les contractions me laisse un peu de répit. Je prends un bain entre le goûter et le repas du soir. Après manger, je réussi à regarder un peu la télévision avec chéri.
22h30. Direction le lit mais les contractions sont redevenues fréquentes. Je me frotte vigoureusement le ventre quand elles arrivent pour aider à les rendre supportables. Parfois le futur papa m'aide en frottant aussi dans le dos. Au moment de m'allonger j'ai tout prévu pour essayer de dormir : deux antispasmodiques d'un coup et la dose maximale d'antalgique. J'espère ainsi y parvenir.

*

Vendredi.
00h. Je ne dors pas. Pas de position confortable. Des contractions trop fréquentes et trop douloureuses pour espérer dormir. Je m'assieds en tailleur dans le lit, la bouillotte dans le dos et j'attends que le temps se passe, le moral à zéro. Puis je tente un bain. Rien de mieux. Je vais dans le salon essayer de dormir dans notre fauteuil à bascule. Au bout d'une heure, je constate que cela ne marche pas non plus. J'ai envie de hurler que je souffre ou juste de pleurer de fatigue mais je prends sur moi et je respire comme on me l'a appris en cours de préparation à l'accouchement. Je m'applique à mobiliser mon bassin entre deux contractions pour essayer de soulager mon dos, qui me fait presque mal en permanence. Je fais aussi de multiples allers-retours dans l'appartement. Je souffre beaucoup. Les contractions utérines sont fortes, espacées de sept à huit minutes et ne cessent pas au matin. La nuit a été complètement blanche, pas une minute de sommeil. Au réveil de chéri, je retourne prendre un bain puis il m'amène mon petit déjeuner au lit. Je suis épuisée, j'ai hâte que tout s'arrête, je ne me vois pas repasser une nuit comme celle-ci. Peu après, nous partons à la maternité pour faire le point. La sage-femme qui nous accueille s'appelle Béatrice. Elle est jeune, très gentille, très prévenante. Elle fait un monitoring qui présente des contractions qu'elle juge trop

espacées et, lors de son toucher vaginal, estime l'ouverture de mon col à deux doigts. Pas suffisant. Devant mon désarroi elle propose un décollement des membranes. Cela consiste à séparer la poche des eaux de la paroi utérine en glissant un doigt pour décoller les adhérences. Ce n'est pas très agréable mais assez comparable à mon toucher vaginal du neuvième mois qui avait établi que la largeur du bassin ne poserait pas de problème. Elle me donne aussi une ordonnance d'homéopathie. L'un des médicaments est pour dilater le col et l'autre pour être plus zen. Elle me rassure sur l'avancée du travail et pense qu'on la reverra avant la fin de son service. Elle nous conseille même de rester dans les parages.

12h. Nous suivons son conseil et préférons manger dans la cafétéria la plus proche. J'ai beaucoup de mal à marcher jusque là-bas. Difficile aussi de choisir mon repas car je suis interrompue par les contractions. A table, je grimace et je souffle, m'attirant les regards des voisins interloqués. Après le repas, nous retournons à la clinique pour une pause pipi puis nous restons sur les canapés de l'entrée le temps de remesurer les intervalles entre les contractions. Mais celles-ci ne semblent toujours pas régulières. Nous décidons donc de rentrer chez nous, le moral dans les chaussettes. Là, je profite de nouveau des toilettes puisque j'ai encore (et toujours!) la diarrhée puis je tente de m'installer dans le lit. Trop inconfortable. Je pars m'asseoir dans le fauteuil du salon. Les contractions sont violentes. Je crie, je pleure, je souffle devant un futur papa désemparé. Je mets le minuteur en marche et je constate un rapprochement, même si la régularité n'est pas à la seconde. Je décide de repartir à la maternité sur la base de l'intensité de mes douleurs principalement. Nous ne savons pas si ce départ est pour de bon mais je suis prête à retenter un aller-retour. Je ne peux plus encaisser ça.

16h. Béatrice sourit en nous voyant et me repose le monitoring pour trente minutes. Elle constate que les contractions se sont rapprochées puis examine mon col. Il est à trois ou quatre centimètres. Elle m'annonce alors qu'elle va me garder. J'ai les larmes aux yeux tellement je suis soulagée. Nous allons en salle de naissance où le futur papa ramène nos affaires pendant que je commence les exercices sur ballon. Ma bonne volonté est vite arrêtée par des contractions que, décidément, je ne peux plus encadrer. Je persiste un peu avec un massage du dos aux huiles essentielles mais je sens bien que la péridurale va être nécessaire si je veux vivre sereinement ce moment. J'en parle avec Béatrice qui semble comprendre ma position. Elle me laisse me laver les dents et aller une dernière fois aux toilettes avant de me poser une perfusion d'eau et de grosses protéines pour garder des forces. La pose est un peu compliquée car elle n'arrive pas à entrer dans la première veine qu'elle essaie. Dans la seconde, cela est un peu plus douloureux mais, au moins, cela fonctionne. Elle appelle ensuite l'anesthésiste qui arrivera quelques minutes plus tard accompagnée d'Élodie, une autre jeune sage-femme qui prend le relais de Béatrice.

20h30. La pose de la péridurale se fait très vite et quasiment sans douleur. La femme anesthésiste est par hasard celle que j'avais rencontrée lors de l'entretien prénatal. Élodie ajoute à ces branchements un brassard de tension qui se contractera automatiquement à un intervalle régulier. On m'injecte deux doses dans la péridurale en m'avertissant que cela correspond à une heure d'antalgique puis elles sortent en me laissant pour consigne d'appuyer sur la petite télécommande (qui gère le produit anesthésiant) à ma convenance. Nous, futurs parents, restons tous les deux.

21h. Nous décidons que l'heure est bonne pour que chéri aille manger, récupérer des affaires pour lui et nourrir nos animaux. En faisant vite, il sera de retour dans une heure. Pendant ce temps, je me repose et profite de la sensation d'engourdissement de la péridurale. C'est très agréable, j'ai chaud dans le dos, je n'ai plus mal. Une sensation que je n'avais pas eu depuis plusieurs jours et qui est limite euphorisante. Je suis bien trop excitée par l'évènement imminent pour dormir. Pourtant, pour la première fois depuis sept jours, je sens que, si je le voulais, ce serait possible. Je peux bouger mes jambes mais si je touche la peau de mon bas ventre je peine à reconnaître qu'il s'agisse de ma peau. D'ailleurs en posant ma main dessus, ma première idée fut : "tiens on m'a mis une bouillotte sur le ventre".

Quand le papa revient, Élodie est en train d'essayer de percer la poche des eaux pour relancer le travail qui s'est un peu atténué.

22h15. La poche des eaux est percée. Ça n'a pas été douloureux. Le bébé est tellement bas qu'il fait bouchon avec sa tête et le liquide amniotique ne s'écoule pas. Élodie dit que ce n'est pas grave et nous laisse de nouveau.

23h45. Le col est dilaté à six centimètres. Je suis contente que ça ait *enfin* avancé.

*

Samedi.
00h15. Chéri part faire un tour pour fumer et se dégourdir les jambes. Pendant ce temps, je me mets sur le côté. Les capteurs se mettent à biper, le cœur du bébé s'affiche à zéro contraction par minutes. Je comprends vite qu'il s'agit d'une erreur technique due à mon mouvement et je reviens sur le dos bien sagement.

1h25. Je suis dilatée à huit ou neuf centimètres. Élodie me ramène un jus de pomme car je commence à avoir un peu faim. Pendant la péridurale, il est conseillé de boire par très petites quantités. En effet, même quelques gorgées d'eau me donnent la nausée. J'y vais donc très doucement.

3h30. Les dix centimètres de dilatation sont atteints. Je ne sens toujours rien. Je papote avec le futur papa. Nous sommes sereins et je me prépare mentalement à l'effort qu'il va falloir faire. Je visualise des images relaxantes, je forge mon état d'esprit dans les ondes positives qui ont porté ma grossesse. Nous parlons du bébé, l'imaginons et réalisons que nous ferons bientôt sa connaissance. Élodie me laisse ainsi pendant plus d'une heure afin qu'il fasse son chemin dans le bassin. Elle m'explique que ce sera cela en moins d'effort pour la suite. Peu avant qu'elle ne revienne, j'entends l'accouchement d'une autre femme. Cela me déstabilise et m'énerve car elle casse la bulle dans laquelle je m'étais lovée. Cette femme hurle, visiblement paniquée, appelle « maman », dit qu'elle n'en peut plus, je crois même qu'elle pleure. J'essaye de garder du recul, je sais que mon accouchement ne se fera pas dans la même agitation mais c'est quand même désagréable. Quand Élodie revient, je comprends que la poussée ne va pas se faire à ma façon mais à la sienne. J'avais pourtant choisi cette maternité sur ce critère. Ils affichent une volonté de satisfaire les volontés des femmes et de s'y adapter. Sauf qu'Elodie ne me demande rien, elle installe les étriers et me demande d'y poser les pieds. Au début, je crois que c'est pour m'examiner. Puis je comprends que c'est pour pousser. Elle me fait d'ailleurs faire une poussée *test* et décrète que je ne pousserai pas en expirant (comme j'avais appris en cours de préparation à l'accouchement) mais en apnée (comme on m'avait déconseillé de faire). Je lui dis que je suis moins à l'aise en apnée, que je veux expirer. Elle me répond que non, qu'elle est bien placée pour voir que l'apnée est plus efficace. Je demande si je peux me redresser un peu, j'ai dans l'idée d'aller vers la position assise pour avoir l'aide de la pesanteur mais elle ne semble pas comprendre. Elle dit au futur papa : « il faudra l'aider à relever la tête ». J'ai l'impression d'être dans un épisode de cette émission télé qu'on m'avait déconseillé de regarder en me disant que cela ne correspondait pas à la réalité. Sauf que là, j'y suis, et c'est la réalité! J'ai les jambes en l'air, les mains sur des poignées, mon chéri me lève la tête et je dois pousser en apnée... Je m'imagine déjà rouge comme une pivoine et essoufflée comme un buffle dans quelques minutes. Le travail de poussée se fait sur les contractions. Les miennes étant assez peu rapprochées, je n'ai finalement pas de mal à gérer car, entre deux, j'ai largement le temps de récupérer. Sur le temps d'une contraction, je dois pousser deux à trois fois de suite. Ce qui me semble hyper facile au début devient vite plus compliqué car la douleur aux reins revient et me freine dans mon effort. Elodie m'a fait arrêter la péridurale et les sensations qui m'ont torturé ces derniers jours sont de retour. Je rage en moi-même et décide d'utiliser cette rage dans ma poussée. Je me sens ultra capable de le sortir ce bébé, je sais que je pousse bien, je veux croire que cela ne va pas être long et j'ai tellement espéré ce moment que je suis contente d'y être. Sauf que pousser en apnée pour moi ce n'est pas adapté, je perds la moitié de mes forces et je m'énerve. Parfois, je tente une poussée en expirant mais Elodie me reprend aussitôt : « sans souffler! ». Parfois aussi un gémissement sort pendant que je pousse, j'ai alors droit à un « pas dans la gorge! » comme j'avais vu dans cette fameuse émission. Anna, la femme qui m'avait fait la préparation à l'accouchement dans l'eau m'avait dit à ce sujet : « quand une sage-femme dit cela à une patiente ce n'est pas pour la patiente mais pour elle-même, en réalité crier aide, mais ne vous en faites pas, on vous laissera faire comme bon vous semble, cri ou pas cri ». Visiblement, là, non, je dois accoucher en silence. Cela me va néanmoins, car je n'ai pas d'envie forte de hurlement, mais je suis hyper déstabilisée par ce grand écart entre le discours tenu avant et pendant. Je mets ces considérations dans un coin et me concentre sur l'important : je dois sortir ce bébé. Je me concentre, j'essaye d'appliquer les conseils d'Elodie et de rester efficace. Je sens qu'elle m'aide bien en massant mon périnée et en le tenant ouvert entre deux contractions. J'apprécie son calme, elle est hyper zen. J'apprécie aussi ses encouragements. Une auxiliaire puéricultrice qui s'est jointe à nous, me motive également. Sa présence est plus chaleureuse, je sens ses ondes positives à travers ses sourires. Le futur papa, à ma gauche, est très sérieux et peu loquace. Il ne sort de sa concentration que pour m'annoncer qu'il a vu la tête du bébé. J'ai l'impression d'être en transe, en connexion avec la sage-femme et l'auxiliaire, branchée sur leurs consignes et leurs remarques. Au bout d'un temps que je ne saurais évaluer, elles m'avertissent que cela avance très bien mais que c'est quand même un peu long. Elles pensent appeler le gynécologue. Elles voient à ma tête que cela ne me plait pas. Je redouble d'effort dans la poussée. Elles me disent : « Vous y êtes quasiment, nous allons l'appeler mais le temps qu'il arrive vous aurez sans doute fini ». Je ne veux pas de forceps, ventouse ou épisiotomie, dans ma tête je hurle au bébé : « Allez sors mon fils, allez » et je pousse de toutes mes forces comme si ma vie en dépendait. Le gynécologue arrive. « Vous voulez un petit coup de main? ». Comme je lui réponds « pas trop » il reste en retrait et confirme qu' « on y est presque ». J'ai quand même l'impression que cela fait des lustres qu'on y est presque... J'entends un bruit métallique et même si c'est toujours Elodie qui est entre mes jambes, je sais que je vais avoir une épisiotomie. Le bruit provient du ciseau qu'elle vient d'attraper. J'ai vu sa main se tendre vers son chariot. Je sens et j'entends un clap confirmant mon idée mais je décide de l'ignorer. Il faut que bébé sorte, je ne veux pas que la situation se complique. J'ignore donc l'image de déchirure de mon périnée et je pousse toujours plus fort. Quand la tête passe, tout le monde me félicite et je m'attends à pouvoir souffler mais au lieu de cela, on me demande de continuer. Cette fois-ci, nous n'attendons pas de contractions, je pousse en continu, c'est plus dur qu'avant à cause de la fatigue et je me demande bien pourquoi je dois pousser encore. On m'avait toujours dit qu'une fois la tête passée le reste venait tout seul! Il s'agit en fait des épaules, qui, une fois passées, laissent filer le bébé comme un savon mouillé. Je le sens glisser. « Tendez les bras ». Et hop, en deux minutes plus rien n'existe que ce petit être chaud, gluant, tâché de sang qui est sur votre ventre.

6h15. Nous sommes le samedi 4 janvier. Bébé est là.

*

Il gémit un peu mais ne crie pas. La kiné que je suis ne remarque même pas qu'il tire sur sa cage thoracique comme un forcené pour respirer. Au lieu de cela, mon regard est bloqué sur son visage et je ne cesse de dire au papa combien il lui ressemble. Puis le gynécologue me félicite et sort. La sage-femme prévient qu'elle doit emmener le petit deux minutes pour l'aider à se dégager. Je vois alors le tirage de sa cage thoracique et je comprends. Je jette un œil entendu au papa. Il a été briefé. Il sait qu'il ne doit pas lâcher le bébé d'un pouce. Je reste alors seule dans la salle à les attendre. Un moment un peu étrange, les pieds encore sur les étriers. A leur retour, Elodie se met en position pour sortir le placenta. Facile. Rien à voir avec l'accouchement. En quelques poussées c'est réglé. Les filles sont impressionnées par son poids : 1kg600. Les paris sur le poids du bébé commencent. « Il est énorme votre bébé ». « Oh oui, il doit bien faire 4kg500 ». « Je comprends que vous ayez eu du mal à le sortir ». Un premier accouchement avec un gros bébé et pas d'aide du gynécologue, l'auxiliaire me tire son chapeau. Puis Élodie me recoud et on m'informe que je peux mettre mon fils au sein.

[Plus tard, la pesée a révélé que mon fils faisait 4kg050 pour 54cm, elles s'étaient donc un peu emballées sur l'estimation.]

*

Bébé cherche le mamelon du bout du nez, il a l'air de savoir précisément ce qu'il veut. Il rampe quasiment pour s'y rendre et hop, en quelques secondes, il se met à téter aussi fort qu'il le peut. Je souris devant cette précipitation et je l'entoure de mes bras pour le rassurer. *Je suis maman.* La sensation de la prise au sein me fait un peu serrer les dents mais les douleurs de ces derniers jours aident à relativiser. Et puis la gêne de la succion s'estompe et je me surprends même à trouver ce moment plaisant. Après un peu plus d'une heure de tétée, chéri fait une séance de peau à peau (pour ceux qui ne connaissent pas cela consiste à mettre bébé nu contre sa peau afin de le rassurer et de prendre contact avec lui). Nous nous sentons pleinement heureux, nos yeux brillent. Interdiction pour moi de me lever pour le moment à cause de la péridurale. On me fait asseoir dans un fauteuil roulant pour rejoindre notre chambre, la n°102, dans laquelle nous resterons jusqu'au jeudi suivant, soit un peu plus de cinq jours.

*

Les premières minutes avec bébé sont très intenses. Nous sommes particulièrement contemplatifs. Je ne reviens toujours pas du fait que ce petit être était il y a quelques minutes dans mon ventre, je me demande bien comment il pouvait y tenir. Nous le trouvons tellement beau, nous nous sentons si fiers. Le duvet de ses cheveux, ses yeux en amande, son petit nez aplati, ses joues bien rebondies. Nous sommes étonnés aussi : c'est quoi ce truc sur l'oreille? Une déformation du cartilage? Et cette bosse à l'arrière du crâne, correspondant à l'engagement de sa tête dans mon bassin. Impressionnante. Il a la peau rouge, non? Quelle sensation d'aboutissement de voir que cette attente est finalement terminée et quel soulagement pour moi de tourner la page de cet épisode douloureux! Chéri et moi réunis dans un seul petit être, magique. Après sa tétée, bébé s'est endormi profondément. Une fois dans la chambre, je le garde près de moi et nous le photographions sous tous les angles. Fascination. Emerveillement. Plénitude.

*

Pendant la grossesse, j'avais bien maîtrisé ma prise de poids. Plus dix kilos au moment de l'accouchement. Une fois bébé dehors, je n'ai pas de moyen de me peser mais je me sens différente. Mes seins sont toujours aussi énormes : je suis à l'étroit dans du 105G. Mes mains sont toujours sujettes aux fourmillements, au point que je laisse le papa changer les couches car je n'ai pas la dextérité pour le faire. Et d'autres contraintes physiques viennent s'ajouter au tableau déjà pas jouasse. L'épisiotomie m'empêche de m'asseoir. Sur le bord du lit, j'ai l'impression de me planter des aiguilles autour du vagin. Sur les toilettes, je veille à ne pas tirer la peau et il m'arrive de faire pipi presque debout tellement l'accroupissement est compliqué. En ce premier jour de ma vie de maman, j'ai l'impression d'avoir un corps qui ne m'appartient plus, qui n'est qu'inconfort et qui ne me ressemble plus. Les seins gonflés. Le ventre mou et déchiré par des vergetures qui se sont pointées dans les dix derniers jours malgré une application minutieuse et quotidienne de crème dès le début de la grossesse. Le périnée douloureux. Les jambes lourdes. Les mains engourdies. Et la fatigue. La fatigue des six dernières nuits. La fatigue des dernières heures passées sans jamais dormir. Mon dernier épisode de sommeil remonte au jeudi après-midi où j'avais réussi à prendre trente minutes de sommeil entre deux contractions.

*

Pourtant je me sens tellement bien dans ma tête. C'est un véritable grand écart entre mes sentiments et mes sensations. Bébé dort depuis sa tétée. Il est si calme. Chéri et moi le couvons du regard. A cet instant, nous caressons l'idée d'avoir un enfant particulièrement serein. Une sage-femme nous indique que tous les nourrissons sont épuisés après un accouchement et nous avertit que ce ne se sera pas toujours ainsi. Nous décidons de faire la sourde oreille et continuons à espérer. Quelques chuchotements, des rires, beaucoup de complicité nous relient autour de ce berceau. Malgré la fatigue, à aucun moment, nous ne pensons à dormir. Avec le recul je ne sais pas exactement ce à quoi on s'attendait mais je pense que si on avait su, nous aurions pris chaque minute de sommeil, qu'il fasse jour ou non. Je crois que nous avions l'impression d'avoir passé le plus dur. Moi, je suis soulagée d'avoir enfin accouché et chéri est hypnotisé par son fils. Nous sommes comme à l'arrivée d'une grande course et, après avoir passé la ligne, nous pensons que le repos viendra naturellement, plus tard.

*

Nous pensons aussi qu'être parents est inné, en quelque sorte. Je vois alors le bouton d'appel aux sages-femmes comme un moyen d'avoir du secours en cas d'urgence. Je n'imagine pas les appeler aux couches, aux tétées, aux moindres pleurs de bébé. Dans ma tête, c'est notre boulot de parents de gérer tout ça. Et je ne m'en inquiète pas. Si tout le monde peut le faire, pourquoi pas nous? Bébé est si calme, il apparait si facile de prendre soin de lui. Je fais les mises au sein comme je peux, en essayant de me souvenir de ce que l'on m'a appris en cours de préparation. Mais je suis mal à l'aise et c'est désagréable. Lors d'un de leur passage, les filles me demandent de les appeler à la prochaine tétée et m'indiquent qu'elles sont là pour ça. A mon grand étonnement, elles ont l'air surpris de ne pas être sollicitées, presque fâchées. Les autres mamans utilisent-elles cette sonnette plus que moi?

*

Le soir venu, chéri et moi allumons la télévision pour regarder le journal, satisfaits de reprendre une vie de couple, quelque peu écorchée par la semaine passée. Nous voulons nous endormir tôt. Je sens la douce chaleur de la fatigue me gagner. Chéri dormira sur un canapé-lit dans la même chambre que nous.

Bébé, dans son berceau et moi, dans le lit médicalisé. Nous imaginons alors n'avoir à se lever que pour les tétées que notre fils réclamera. Nous pensons naïvement que cette première nuit sera douce et réparatrice. Pour moi, rien que l'idée de pouvoir dormir plus de cinq minutes sans être réveillée est agréable. Rien que le fait de pouvoir m'allonger sans souffrir est source de joie. Après un tendre regard vers bébé et un dernier sourire échangé, la lumière fut éteinte et nos yeux fermés.

*

Très vite, bébé chouine et la lumière est rallumée. La première nuit ne correspondit pas du tout à ce qu'on avait imaginé. La première nuit n'eut pas grand-chose de reposant. La première nuit ressembla à ça :
Chanter. Marcher. Rire. Chanter. Bercer. Changer bébé de position. Le voir profondément endormi. Essayer de le poser. L'entendre s'agiter puis se remettre à pleurer. Le reprendre pour le cajoler. Re-bercer. Re-marcher. Longtemps. Regarder les heures qui passent. Sentir la fatigue qui pèse. Remercier chéri d'être là. Se demander comment font celles qui sont seules. Refuser que la sage-femme l'emmène en nurserie pour pouvoir se reposer. Continuer à serrer ce petit être contre soi. Se dire qu'on veut toujours être là pour lui. Chanter doucement. Le rechanger de position. Vérifier qu'il n'a pas trop chaud. Regarder l'heure. Le donner au papa pour pouvoir s'allonger un peu. Les regarder tous les deux puis fermer ses yeux. Ne pas réussir à dormir malgré l'épuisement. Se demander ce qui se passe dans les chambres voisines. S'imaginer que peut-être d'autres bébés sont bien endormis dans leurs berceaux et que d'autres mamans arrivent à se reposer. Entendre son bébé pleurer. Envisager de le mettre au sein. Appeler la sage-femme pour lui demander son aide. S'interroger sur la position dans laquelle on s'installe pour allaiter. Regarder bébé s'énerver devant le sein, lui qui semble tout à coup ne plus savoir faire. S'inquiéter de ne pas savoir faire non plus. Laisser la sage-femme presser le sein pour en extraire du lait. S'attendrir de voir bébé comprendre et se mettre à téter. Serrer les dents et souffler doucement pour faire passer la

douleur de la succion. Sentir son utérus se contracter. Se souvenir que c'est signe d'une bonne succion. Voir bébé s'apaiser puis s'endormir. Profiter de ce court répit puis sentir bébé s'agiter de nouveau. Le regarder se tordre puis se remettre à pleurer. Comprendre qu'il est gêné dans sa digestion. Avoir l'impression qu'il a mal au ventre. Essayer de le calmer. Ne pas y arriver. Regarder l'heure. Regarder le papa. Déceler sur son visage une grande fatigue. Lui dire d'essayer de se reposer un peu. Rebercer bébé. Réussir à l'apaiser. Marcher de long en large dans la pièce. Chantonner doucement. Se balancer sur soi-même. Fermer les yeux. Savourer le silence. Sentir ses bras faiblir. Vouloir le poser dans son berceau. Le voir s'agiter. Le reprendre aussitôt et remarcher vite pour qu'il ne se réveille pas. Comprendre qu'il sera impossible de le poser. Regarder l'heure et définir quand on peut se permettre de réveiller le papa pour qu'il prenne le relais. Se dire qu'une heure de sommeil c'est peu pour lui mais beaucoup de marche pour vous. Penser qu'une heure de sommeil c'est déjà bien et que vous devez pouvoir tenir. Succomber à l'envie de s'asseoir sur l'arrière des fesses pour le dernier quart d'heure. Voir que le bébé dort profondément. Résister à l'envie de le poser. Ne pas avoir le courage de réveiller le papa. Se dire qu'il doit être possible de se reposer un peu puisqu'on est assise. Avoir envie de faire pipi. Avoir du mal à se détendre. Ne plus oser bouger de peur de réveiller le bébé. Puis n'y plus tenir et aller sortir le papa des bras de Morphée. Comprendre à son visage qu'il est toujours autant fatigué (allez savoir pourquoi on s'attendait à autre chose!). Lui dire qu'il faut absolument que vous alliez au WC. Lui passer le bébé en priant pour que cela ne le réveille pas. Aller aux toilettes. Ne pas savoir comment s'asseoir dessus sans avoir mal. Se raisonner : faire pipi debout la nuit c'est un peu risqué. Alors serrer les dents et réussir à uriner. Tendre l'oreille pour voir si le bruit a réveillé le bébé. Souffler en se disant que non. Envisager d'utiliser la douchette pour calmer l'inflammation. Renoncer et retourner dans la chambre. Demander au papa s'il accepte de garder le petit pour que l'on s'allonge un peu. DORMIR. Etre réveillée par les cris une heure plus tard, appuyer sur la sonnette pour faire venir la sage-femme, essayer de mettre le bébé au sein, regarder le papa se rallonger et comprendre. Comprendre que notre vie ne sera plus jamais la même. S'inquiéter. Avoir l'impression d'être le conducteur d'un train lancé à pleine vitesse et se demander si on saura le conduire. Regarder la sage-femme entrer et se concentrer sur la tâche la plus urgente : nourrir bébé.

*

Chapitre 3 : Devenir ~~marathonienne~~ jeune maman.

*

6h45. Bébé est né depuis à peine plus de vingt-quatre heures. A l'instant, il vient de s'apaiser et il est allongé près de moi dans le lit. Il dort. J'ai l'impression que mon accouchement remonte à une éternité. Tant de choses se sont passées en si peu de temps. Je suis en morceaux, en lambeaux même. Mais bébé dort. C'est tellement agréable que j'en ferme les yeux. Je somnole. 7h30. Une dame entre avec virulence. « BONJOUR! Vous voulez quoi pour le petit déjeuner? ». Je crois que si j'avais eu des révolvers à la place des yeux elle n'aurait pas survécu. Dans ma tête, impossible de réfléchir au menu du petit déjeuner. Ma question essentielle est : mais pourquoi hurle-t-elle comme cela si tôt? Pourquoi ne pas carrément venir prendre le bébé et le secouer comme un prunier pour qu'il se réveille? Pourquoi personne ne pense qu'une maman qui vient d'accoucher peut avoir envie de calme? Rassurez-moi, on est bien dans une maternité là, non? Après un CHhhhhhhut explicite, je l'ai envoyé bouler avec son menu. Je m'en fous après tout. Des tartines? Des céréales? Du beurre? De la confiture? Un thé ou pas? Un jus à quoi? Mais je m'en contrefiche à un point!!! En fait, là, ce qui m'importe c'est le silence. Et le sommeil. Bébé dort ailleurs que dans mes bras. C'est carrément inespéré. Ça suffit à mon bonheur. Le comble de la joie serait de pouvoir dormir moi aussi. Mais bon, là, on dirait que c'est le matin.

*

Après le réveil tonitruant par le service du petit déjeuner, il y a le débarrassage. Au passage, on vous entend bien les filles quand vous parlez dans le couloir. Puis il y a le ménage. Là, on vous entend encore mieux, puisque vous parlez dans la chambre. J'ai une telle dette de sommeil que chacun de leur passage est vécu comme une agression. Une violation de mon intimité. Cette chambre est un lieu de passage. Par ailleurs, en tant que mère débutante en allaitement, il n'est pas évident pour moi de sortir mon sein au nez de chacun. En plus je me sens gourde. Les sages-femmes continuent de m'épauler, chacune à sa façon, plus ou moins douce, plus ou moins empathique. Mais je sais que sans elles, je n'aurais juste pas pu le faire. Alors merci. Malgré vos désaccords qui m'ont compliqué la vie. Entre celle qui dit qu'il faut donner dix minutes chaque sein et celle qui recommande de donner vingt minutes un seul sein, il y a le conseil d'alterner toutes les cinq minutes et l'idée qu'on peut y laisser bébé autant qu'on veut. Puis la crème vous la mettez avant hein. Mais pourquoi vous mettez de la crème? Quoi, vous ne mettez pas de crème? Ah non, la crème il faut la mettre après, on ne vous a pas dit ça?

*

J'ai les neurones en vrac. Il est temps d'emmener bébé faire son premier bain. Je tiens à peine debout. Je ne le sens pas du tout. Je décide d'envoyer chéri en mission *soins de nourrisson* tout seul et de rester me reposer. Je referme les volets, me recouche. Que c'est bon le calme. Ah, non, j'ai parlé trop vite. Le bébé de la chambre voisine pleure. Et dans le couloir c'est tout sauf calme. Boules Quies. Silence. JE DORS. Une heure plus tard chéri revient avec notre petit ange tout propre, qui a un petit creux il paraît. C'est reparti pour la galère de la tétée. Quand je dis galère, c'est aussi parce que bébé, qui avait très bien pris le sein en salle d'accouchement, semble perdu depuis. Il a faim mais il se fâche au sein car le lait ne vient pas assez vite. On m'a conseillé d'exprimer un peu de lait avant de le mettre au sein (et là, les sages-femmes sont toutes du même avis). Exprimer? Non, rien à voir avec l'expression écrite que vous aviez en cours de français au collège. Ici, (je l'ai appris sur le tas), exprimer veut dire 'faire sortir'. L'idée est de montrer à bébé qu'il y a bien du lait dans le sein s'il se donne la peine de téter. Un appât quoi. Il faut pour cela presser le mamelon en imitant le mouvement de succion. Et je n'y arrive pas. Les sages-femmes le font pour moi, on dirait qu'elles ont l'habitude. Ce n'est pas dur de les laisser me presser le sein car bébé hurle. Je suis prête à tout pour le nourrir. Encore un truc qui, si on me l'avait dit avant, m'aurait paru un frein à l'allaitement.

*

L'allaitement. Un grand mystère pour moi. Je ne crois pas que j'avais déjà vu quelqu'un allaiter avant de le faire moi-même. Ou peut-être dans la rue. Un jour j'ai dû croiser une femme qui donnait le sein sans y prêter vraiment attention. Ou encore à ce mariage où je suis allée l'an dernier. Là non plus, je n'ai pas été observatrice. D'une, je n'y ai pas pensé, de deux, ça m'aurait paru déplacé. Or maintenant que me voilà seule face à mes seins et à mon fils, je suis incapable d'associer les deux de manière spontanée. J'imagine que si j'avais fait partie de ces tribus africaines où les femmes font toutes ça depuis des décennies, cela m'aurait paru beaucoup plus simple... Mais je ne suis pas en Afrique et je ne peux pas compter sur mes ancêtres. Donc je compte sur les sages-femmes. Car je voulais allaiter, malgré les difficultés. Pourquoi? Je ne sais pas exactement. Allaiter ne découlait pas d'une conviction profonde ou d'une envie physique. C'était juste ce qui me paraissait le plus normal et le plus naturel à ce moment précis. Je ne savais pas combien de temps j'allais allaiter mais, chaque fois que je donnais le sein, j'étais fière de le faire. Un peu comme de sortir ce bébé de mon ventre. Un truc que seules les femmes peuvent réaliser et qui, bien qu'il soit courant, a une dimension extraordinaire qui me fait vibrer. Allaiter était donc évident et valorisant, malgré les difficultés.

*

En ce deuxième jour de ma vie de maman, je relevais brillamment le défi de la douche mais ne m'aventurait pas encore sur le terrain de l'habillage. Je restais en chemise de nuit et par conséquent je ne sortais pas. L'extérieur m'effrayait. J'étais si fatiguée. Je me sentais plus en sécurité dans cette bulle que constituait ma chambre. Et la notion du temps était modifiée. Ce petit être complètement dépendant nous sollicitait sans cesse. La journée paraissait courte parce qu'elle était bien remplie et longue pour les mêmes raisons. Etait-il possible qu'autant de choses soient vécues dans un si court laps de temps? C'était intense. Il me tardait d'être le soir pour me reposer. Après tout, la deuxième nuit serait forcément moins mauvaise que la première. Cependant, même si je ne savais pas exactement à quoi m'attendre, j'imaginais que ce serait encore difficile. Mais je me sentais l'envie d'affronter ça. Il était toujours hors de question pour moi de laisser mon bébé à la nurserie. Je le couvais du regard, contemplant ses petits yeux fermés. J'écoutais sa respiration, je voyais son thorax se soulever. J'entendais ses soupirs, ses gémissements, ses couinements. Savez-vous qu'un bébé fait beaucoup de bruit en dormant? J'avais l'impression de découvrir complètement ce qu'est un nourrisson, moi qui en avait pourtant eu tellement dans les bras dans le cadre de mon travail. Le mien m'apparaissait plus réel. Plus vivant. Je n'avais jamais posé le même regard sur un autre enfant. C'était comme si j'avais vraiment vu un nouveau-né pour la première fois.

*

Bébé a passé la journée à se reposer. On dirait qu'il inverse le jour et la nuit. Cela entretient notre crainte de revivre une nuit similaire à la première et, en éteignant la lumière, chéri et moi croisons les doigts. Je ne me souviens pas avoir eu le temps de m'endormir avant que le manège de la nuit précédente ne recommence. Je suis effrayée de voir nos peurs se réaliser. Je commence à douter de ma capacité à résister à ce manque de sommeil.

*

En cours de nuit, je profite d'un relais de chéri qui berce bébé dans la chambre pour m'allonger et, malgré la lumière allumée, les bruits des pas, la crainte d'entendre les cris reprendre, je m'endors. Pas longtemps. Quarante-cinq minutes. Déjà ça. Cette nuit-là, je fais marcher la sonnette à diverses reprises. Je ne sais plus quoi faire pour calmer mon enfant. Il semble en souffrance permanente. Il se tortille après les tétées. Il expulse des tas de gaz qui semblent plus gênants les uns que les autres. Quand il trouve le sommeil, c'est en position d'enroulement, au creux de nos bras, au chaud contre nous. Si nous le posons, il réagit aussitôt en se réveillant. Il a l'air si mal. Avec chéri, nous continuons à le bercer sans cesse, avec de maigres résultats. Nous lui donnons notre petit doigt à téter comme on nous l'a conseillé. Nous chantonnons doucement, marchons sans cesse tout en échangeant des regards plein d'inquiétude. Les traits de nos visages sont tirés comme si nous avions perdu du poids. Nous nous sentons désemparés.

*

La sage-femme de cette nuit-là ne nous aide pas. C'est excessivement difficile. Elle propose à chaque passage de l'emmener à la nurserie. C'est tout. Pas de conseils, pas d'explication sur ce qui se passe. Nous tenons grâce à une sorte de tension nerveuse qui nous entraine parfois dans de petits rires. Chéri appelle vite cette personne "l'informaticienne". Il dit qu'elle s'est trompée de blouse en arrivant et que c'est pour cela qu'elle n'a aucune réponse à nos questions. Vers le matin, l'informaticienne admet qu'elle ne sait pas quoi faire et nous envoie une collègue sage-femme. Celle-ci répond à plusieurs de nos questions, confirmant notre impression d'avoir tiré le mauvais numéro. Ce fut la seule fois de notre séjour où nous eûmes cette sensation d'incompétence. Par la suite, les sages-femmes et les auxiliaires puéricultrices s'avérèrent d'une grande aide. L'une d'elle m'informa que la deuxième nuit était surnommée "la nuit de la Java". Selon elle, tous les bébés sont en difficulté à ce moment-là et c'est tout à fait normal. Leur système digestif est en grand bouleversement et leur faim n'est pas forcément rassasiée par le colostrum (premier lait que donne le sein). Mais en cette fin de deuxième nuit, nous n'avons pas ces informations et le sentiment d'être débordés par la situation se fait de plus en plus présent. De mon côté, en approchant les sept heures trente du matin, je calcule le temps total de sommeil cumulé de ces derniers jours : deux heures et quarante-cinq minutes de repos sur les quatre-vingt-neuf dernières heures. Moi qui, avant, étais un peu ronchon si je n'avais pas mes huit heures de sommeil chaque nuit. Moi qui pensais être incapable de tenir debout après une nuit banche. D'où viennent ces ressources qui m'ont fait tenir jusque-là? Et jusqu'où vais-je encore pouvoir aller?

*

Je suis à bout quand viennent les moments du petit déjeuner et de l'entretien des chambres. Je me vois incapable d'affronter une journée. Je prends mon fils et le pose dans les bras de son père puis mets des boules Quiès et me cache la tête sous les draps. Advienne que pourra autour de moi, je dormirai, il est hors de question de continuer ainsi. Malheureusement chéri me tapote l'épaule. Il doit aller aux toilettes, c'est urgent. Une fois le petit dans mes bras, j'ai l'horrible sentiment que je ne m'en sortirai pas et je me mets à pleurer. Les larmes coulent à grands flots et je suis prise de hoquets. Je n'ai jamais pleuré ainsi avant. Je ne pleure ni de tristesse, ni de rage mais d'épuisement. Je m'écroule littéralement, tandis que bébé, posé sur mes genoux, reste étonnamment calme et m'observe de ses petits yeux ronds. Inutile de dire combien je culpabilise de pleurer ainsi, surtout devant mon fils. Mais une fois lancé, ce déluge parait impossible à arrêter. J'attends de n'avoir plus de larmes à verser. Je laisse mon corps expulser toute cette fatigue. J'entends l'agent d'entretien me demander si elle peut faire quelque chose. Je suis incapable de prononcer un mot pour lui répondre. « Le contre coup de l'accouchement » dit-elle. Je me sens tellement incomprise. Je n'ai aucun souci avec l'idée d'être maman, je ne suis pas déprimée. Mais j'ai passé les huit dernières nuits à chercher le sommeil sans le trouver. Accouchement ou pas, qui peut prétendre vivre ça sans difficulté?

*

Une fois le papa sorti des WC il comprend ma détresse et emmène le petit, me laissant me reposer. Je dors presque deux heures dans la matinée et me sens aussitôt mieux. Je décide même de me doucher et de m'habiller l'après-midi pour enfin sortir de cette pièce. Nous sommes là depuis plus de deux jours. Mais la notion du temps n'a plus sens. L'idée des sorties précoces de maternité me parait carrément dingue. Ou alors on ne vit pas tous la même chose? Je suis heureuse de marcher dans le couloir, je regarde les autres couples pour la première fois. J'ai déchiré les parois de ma bulle et je reviens dans un monde sociable. Les autres parents me paraissent avoir une meilleure mine que nous. En revenant dans ma chambre je me maquille, juste pour le plaisir. Puis en fin de journée, j'ai un visiteur surprise : mon père. Il me trouve pouponnée et la chambre est rangée. Le tableau a bien changé en vingt-quatre heures. Heureusement qu'il n'est pas passé plus tôt! Je présente mon enfant sereinement, avec fierté. Son petit-fils. Les choses semblent enfin trouver leur place. Je souris avec plaisir pour les photos. Partager de bons moments m'avait manqué et me réchauffe le cœur.

*

En ce troisième jour, je prends aussi le temps de consulter mon téléphone. J'ai vu que beaucoup de messages m'y attendent mais je n'ai pas eu le temps jusque-là de les lire ou de les écouter. « Félicitations ». « Profitez bien ». « Bienvenue au bébé ». « C'est que du bonheur ». Arg. Ceux qui n'ont pas d'enfants sont excusés. Mais les autres: ont-ils oublié? « Bon courage » ou « accrochez-vous » m'auraient paru plus appropriés. Car ce n'est pas que du bonheur, c'est un mélange de tout, y compris de bonheur mais pourquoi édulcorer à ce point les choses? On ne peut pas dire que c'est une grosse galère? C'est interdit? Un message qui me fait bien rire aussi : « repose-toi bien ». Ou pire : « profite de ton séjour à la maternité ». Quand? Comment? Me reposer est ma priorité mais être dans une maternité ne m'aide pas. Les réveils du matin, les horaires fixes des repas, les chambres voisines, les visiteurs dans le couloir, les passages multiples dans ma chambre (sages-femmes, auxiliaires puéricultrices, médecins). Je prends quelques minutes pour répondre à certains messages mais je n'ai pas le temps de développer beaucoup et j'explique brièvement par texto : « Je suis crevée et très occupée, je préfère ne pas avoir de visites, pas trop le temps de téléphoner mais je préviendrai quand ça se sera calmé».

*

On s'approchait tout doucement du soir quand chéri et moi décidâmes de nous organiser pour la nuit à venir. Impossible de continuer à enchaîner les nuits blanches. Nous avons tous les deux la mine pâle, la mémoire en vrac et les gestes lents. Il nous faut un plan pour sortir de ce mode zombie. Pourquoi pas un relais ? Toutes les trois heures entre vingt et une heures ce soir et neuf heures demain : cela nous ferait six heures de sommeil chacun en tout. Enorme. Chéri a repéré une petite salle où nous pourrons aller avec bébé pour laisser l'autre au calme. Nous sommes donc prêts et organisés pour affronter cette troisième nuit. Je me sens soulagée rien qu'à l'idée de dormir.

*

21h : Je me couche et le papa part avec bébé, ainsi que nous l'avons prévu. Je savoure le moment où je ferme les yeux, attendant le sommeil.
21h10 : Une sage-femme entre. Surprise de voir un papa marcher dans les couloirs, elle vient de discuter avec lui. Elle ne comprend pas bien notre plan d'action.

- Pourquoi ne pas vous coucher tous les trois dans la chambre?
- Ce n'est pas possible, il pleure beaucoup, il ne dort que dans nos bras, on n'en peut plus.
- Faites comme vous voulez madame mais en ce moment votre bébé dort paisiblement et ce doit être difficile pour votre conjoint de rester dans le couloir. Quand votre bébé pleure c'est

sans doute parce qu'il a faim. Les premiers jours c'est un peu dur à ce niveau-là car le colostrum ne les rassasie pas toujours assez. Il pèse combien votre bébé?
- Quatre kilos.
- Savez-vous s'il a la bouche sèche?
- Ah oui, beaucoup!
- Je pense vraiment qu'il a faim, si vous voulez appelez-moi quand il se réveillera, je vous aiderai et au pire on lui donnera un complément.
- Ok.

*

21h15 : La sage-femme vient de partir, je pèse ses mots.
21h16 : Je sors de la chambre, un peu déçue de devoir laisser tomber notre plan mais soucieuse de faire au mieux pour chacun. Chéri marche inlassablement dans le couloir, le bébé recroquevillé contre lui.

- Je viens de parler avec la sage-femme.
- Moi aussi.
- Elle croit qu'on peut tous dormir cette nuit.
- Je sais, elle m'a dit ça aussi, j'ai essayé de lui expliquer pourtant mais elle n'a pas compris.
- Pourquoi tu restes dans le couloir?
- Les salles de repos ne sont pas accessibles la nuit, il n'y a nulle part où aller.
- Ha....Tu voudrais revenir dans la chambre?
- Bien sûr oui mais tu ne pourrais plus dormir.
- Appelons la sage-femme.

*

Cette femme a ensuite sauvé notre nuit. Elle m'a aidé à donner le sein puis à coucher le bébé dans le lit médicalisé. Elle nous a expliqué que certains bébés ne supportent pas de dormir seuls dans leur berceau les premières nuits. Elle a compris quand j'ai dit que je ne me voyais pas dormir à côté du petit et a validé notre choix d'inverser les rôles : le papa dans le lit, moi sur le canapé. Je suis dans un tel état d'épuisement qu'être allongée dans le noir et le silence est largement suffisant pour dormir. Après deux heures de sommeil, je me réveille en sursaut. Une heure du matin. Je n'ai toujours pas entendu bébé pleurer. Je me lève du canapé, angoissée à l'idée que le papa ait finalement roulé sur lui. En les éclairant à la lumière de mon téléphone portable, je vérifie qu'il respire. Je reste stupéfaite de voir que tout va bien et j'appelle la sage-femme.

- Vous avez sonné?
- Oui, heu... Ils dorment toujours.
- Et?
- Vous avez dit qu'il avait faim. Il faut peut-être le réveiller pour le nourrir non?
- Non. Recouchez-vous et attendez qu'il réclame. Appelez-moi quand il pleure.

*

Impossible de dormir, on dirait que mon corps ne sait plus comment faire. Je somnole vaguement, écoutant les respirations et me préparant à un réveil éventuel. Une heure plus tard, ça y est : il pleure. Je rappelle la sage-femme et nous le nourrissons, puis tout le monde se recouche mais cette fois-ci, je prends le lit. Une erreur sans doute car dormir près de lui se révèle aussi ardu que je le pensais. Les bruits qu'il émet et ses petits mouvements attirent mon regard. Je suis comme aux aguets, j'ai du mal à relâcher ma vigilance. Entre quatre et six heures j'arrive cependant à trouver le sommeil. Quand le petit-déjeuner arrive, je suis enfin reposée, prête à affronter une nouvelle journée. Et surtout, avec une nuit de quatre heures de sommeil cumulé, soit bien plus que le total des quatre nuits précédentes, j'ai retrouvé l'espoir.

*

Deux jours et deux nuits plus tard, le moment est venu de rentrer chez nous. Bébé et moi avons pris nos marques avec l'allaitement. Il n'est plus nécessaire d'appeler à l'aide à chaque tétée et cela me rend vraiment fière. Sortir de la maternité est de ce fait moins angoissant. Restent des inconnues : à quoi ressembleront les nuits de bébé chez nous ? Pourrons-nous le faire dormir dans son petit couffin, lui qui cherche tout le temps notre chaleur et nos odeurs? Sommes-nous prêts à nous passer de la présence rassurante des sages-femmes? Saurons-nous bien nous occuper de lui? Comment nos animaux vont-ils réagir face à ce nourrisson? J'ai l'impression de passer du petit bassin de loisir au grand bassin olympique. Bien sûr, en théorie je sais nager, mais je suis impressionnée par la distance à parcourir.

*

Pour nous aider, nous pouvons compter sur Tiffany, la sage-femme qui m'a prodigué les séances de préparation à l'accouchement. Elle va passer chez nous chaque semaine, principalement pour surveiller le poids du nouveau-né, mais aussi pour répondre à nos nombreuses questions. Elle se montre disponible et à l'écoute. Comme un prolongement du soutien que nous avons reçu jusqu'alors. Les tétées au sein ne sont pas problématiques, bébé affiche toujours sa bonne mine. Mais le problème des nuits perdure. Il a l'horloge biologique détraquée. Les journées sont calmes, il se repose n'importe où sans difficulté. Les nuits, agitées, nous n'avons qu'un seul recours efficace : marcher dans l'appartement. Depuis le début, il s'est avéré impossible de le faire dormir une nuit dans le couffin. Il se réveille sitôt posé. On nous a déconseillé de le prendre dans notre lit. Question de sécurité. Alors on se relaie. Lors d'une discussion avec Tiffany, elle modère un peu ce propos : si on le prend avec nous en respectant quelques consignes, cela permettra peut-être que tout le monde dorme. En réalité, c'est ce qui avait fini par arriver malgré nous. Parce qu'on s'endormait avec le petit dans nos bras. Parce qu'on le posait contre nous « pour souffler deux minutes » et qu'on se réveillait une heure après. J'ai souvenir de nuits où le temps s'arrêtait et où notre capacité de discernement était au plus bas. Un matin, je me réveille et, voyant chéri couché près de moi, je sursaute : « il est où le bébé? ». Chéri me fixe de ses yeux encore ensommeillés puis regarde autour de lui, l'air hagard : « il est là ». Couché au milieu de la couette, bébé roupille tranquillement. Danger. Inconscience. La raison d'un tel laisser-aller : la fatigue bien sûr. J'ai cessé de compter les nuits sans sommeil. Je n'arrive pas à faire de sieste en journée. Je sais par conséquent que je suis au bord de l'épuisement. La seule solution envisageable est de prendre la décision de dormir avec bébé dès le début de la nuit, en mettant en place des sécurités autour du lit et autour du petit. J'ai vaguement entendu parler du cododo. Je croyais qu'il s'agissait d'un choix de certains parents. Je découvre que c'est aussi un biais pour assouvir les besoins de chacun : la proximité nécessaire à l'apaisement de bébé et le repos essentiel à ses parents.

*

Alors que j'avais réussi à garder les visiteurs à distance à la maternité, il devient maintenant évident qu'il nous faut ouvrir la porte. Le défilé commence. Nous sommes ravis de présenter notre fils. Heureux aussi de voir des visages familiers. Mais j'ai du mal à recevoir dans un appartement mal rangé et je fais en sorte de m'apprêter. Ce semblant de vie sociale est bénéfique au moral mais néfaste sur le plan physique. Je ne trouve pas en journée de temps de repos susceptible de compenser nos nuits. Pourtant, je me sens rayonnante, épanouie, heureuse. Je souris sans difficulté. Chéri et moi sommes toujours aussi unis dans la contemplation de notre petite merveille, toujours aussi soudés et amoureux. Nous arrivons à rire de nos difficultés et pensons que ce n'est que temporaire. Personnellement, j'ai dans l'idée qu'au bout de trois mois maximum, les choses seront rentrées dans l'ordre. Je me dis qu'il est impossible de survivre à un tel régime plus longtemps. Pour une fois, je ne fais pas complètement fausse route, même si je suis loin d'imaginer la suite.

Chapitre 4 : **Le grand tunnel.**

*

Un mois s'est écoulé. Une éternité. Un monticule de fatigue pèse sur nos épaules. Les visites se sont tassées et l'isolement me pèse. Sortir est difficile, il faut trouver l'énergie et, surtout, le bon moment. Une météo convenable. Un bébé rassasié car je ne me vois pas allaiter en extérieur. Dans les premiers temps mes douleurs au périnée m'empêchent de prendre la voiture. Je laisse les courses au papa et me concentre sur l'entretien de notre intérieur. Le sommeil de bébé en journée s'est détérioré. Il est devenu plus léger. Et les pleurs se sont intensifiés, ce qui me sape le moral. J'ai horreur de ces hurlements difficiles à apaiser. Je connais désormais leur origine : les coliques. Il y a plusieurs façons de les définir et peut-être que certains d'entre vous diront que je n'utilise pas le bon terme. Pour moi, c'est l'expression des difficultés gastriques de notre bébé qui pousse sans cesse des gaz, qui se tortille, qui est mal à l'aise après les tétées. J'allaite toujours exclusivement mais cela commence à devenir difficile. J'ai trop mal aux seins. Les succions me font l'effet de coups d'aiguilles et, en dehors des prises, j'ai une gêne permanente. Le simple contact de la serviette à la sortie de la douche est désagréable. J'imagine à tort que c'est normal.

*

Je suis désespérée quand je décide de commencer le sevrage. En situation d'échec. Douloureuse. Frustrée. La sage-femme ne comprend pas tout de suite mes motifs. Je n'ai pas été assez claire sur ma douleur. Quand elle identifie le problème, j'ai laissé passer beaucoup de temps et commencé à donner des biberons de lait artificiel. Il s'agit d'une candidose. Un genre de champignon qui s'installe insidieusement, ne se voit pas mais fait très mal. Une fois le traitement mis en place, la sensation s'atténue très vite, sans pour autant disparaître. Je regrette amèrement de n'avoir pas mieux exprimé ma souffrance. Même si laisser le papa donner un biberon m'est bénéfique. Sauf la première fois. C'est étrange de le voir se nourrir autrement qu'à mon sein. Ça me dérange. J'ai l'impression d'être remplacée bien trop facilement par ce bout de plastique. Je sens que mes seins sont pleins de lait et mon ventre se serre à la vue de bébé qui tète autre chose. Je suis obligée de quitter la pièce, voir ça me fout le cafard. Mais il faut avouer que cette possibilité de passer le relais m'ouvre la perspective d'avoir du temps. Pour moi. Pour sortir. Lors de ma première excursion, shopping et coiffeur, je me sens comme décalée de la réalité, je redécouvre la vie. Comment font ceux qui ont un deuxième enfant à gérer? Ce bébé nous prend tout notre temps et toute notre énergie, je n'aurais pas eu la force de m'occuper de qui que ce soit d'autre sur le même laps de temps. Et les femmes ayant des grossesses multiples? Il me parait impossible de tenir une cadence supérieure à la nôtre, je ne vois pas comment faire plus sans un soutien extérieur. Je m'interroge sur les autres, leurs vies et leurs façons de gérer l'arrivée d'un enfant. Je n'ai aucun point de comparaison. Pas de copines jeunes mamans, pas d'exemple dans la famille. C'est l'inconnu.

*

J'encaisse mal les remarques de mes amies qui, célibataires ou en couple, n'ont pas d'enfant. Les « tu devrais faire ci » ou « il ne faut pas faire ça » me restent en travers de la gorge. Je fais sincèrement du mieux que je peux et j'ai la sensation que les notions préconçues n'ont rien à voir avec la réalité. Avant d'être moi-même maman, j'avais des idées bien arrêtées sur certaines choses. Mais ce bébé dicte de nouvelles règles et remet en cause mes points de vue. L'un des sujets les plus redondants oppose ceux qui pensent qu'il faut laisser pleurer son enfant aux autres. Ma raison et mon cœur me font prendre position contre ce concept que les enfants font des caprices si jeunes. Bébé est tellement vulnérable. Chéri et moi n'imaginons pas le laisser en détresse. J'ai le sentiment qu'un si petit être ne peut pas encore comprendre qu'on le fasse attendre et la puissance de ses cris renforcent ce sentiment. Ils sont impétueux, ils m'appellent comme un aimant. Nous essayons d'y répondre de la manière la plus adaptée et la plus rapide possible. Il n'y a pas pour nous de plus grande satisfaction que de répondre aux besoins de notre enfant. Le voir s'apaiser est la consolation de nos efforts, sans cesse renouvelés.

*

Après deux mois à ce régime, je dis honnêtement à mes copines : « ce n'est pas que du bonheur, il faut vraiment s'accrocher, j'ai hâte que ce bébé grandisse ». Cette relation très primaire avec mon enfant ne me satisfait pas. Bien sûr, je sais qu'il aurait été stupide d'attendre autre chose de lui à cet âge. Mais je n'y trouve pas mon compte. Bébé ouvre un peu les yeux mais ne montre pas de signes laissant penser qu'il nous reconnaît. Il ne vocalise pas encore, ne sourit pas volontairement. Tout cela est normal. Mais il me tarde d'avoir un échange avec lui. La satisfaction de répondre à ses besoins est présente. Pour autant, la frustration de ne pas avoir un autre mode de communication que le hurlement existe aussi. Bébé n'a pour ainsi dire pas de moments d'éveil calme: soit il hurle, soit il dort, soit il tète. J'ai l'impression parfois d'être une machine : donner le sein et marcher sont mes principales options. Mes amies me charrient : « tu n'es pas contente de ta commande, tu voudrais changer de modèle? ». En fait le modèle me plaît, hors de question de le renvoyer. Ce sont les réglages qui m'ennuient. D'une, je voudrais désactiver la fonction alarme liée à la pose dans le berceau. De deux, j'aurais bien remis l'horloge à l'heure. De trois, j'aurais diminué un peu le volume du son. Mais bon, quand je prends un peu de recul, je le trouve plutôt réussi. Paradoxalement je dis souvent de lui : « il est super, on a de la chance ». Je fais allusion à l'espacement de ses tétées, à sa santé robuste, sa tonicité évidente ou encore son visage attendrissant. J'ai conscience aussi d'être privilégiée par une situation professionnelle stable, un appartement adapté, aucun problème financier, un chéri très présent puisqu'il est toujours au chômage. Mais la fatigue, ça pèse lourd. Suffisamment pour faire pencher de temps en temps la balance du côté de la morosité.

*

A la fin du deuxième mois de bébé, c'est toujours aussi difficile de dormir. Pourtant les réveils liés à la faim s'espacent : un à deux seulement par nuit. Mais ceux venant du besoin d'être câliné sont toujours bien présents. J'estime leur nombre à une dizaine par nuit. Je n'ai jamais pris la peine de les compter vraiment. L'excitation du départ est passée. Bébé fait intégralement partie de nos vies, il les remplit. Les visites chez nous se sont raréfiées et nos sorties restent laborieuses. Cette existence en vase clos nous est nuisible. Chéri et moi avons de gros coups de gueule l'un contre l'autre. A être tous les trois ensemble en permanence, il ne faut pas grand-chose pour faire exploser une situation. Je me questionne sur notre couple et sur ce choix de faire un enfant même s'il m'est impossible de ressentir du regret. A chaque grosse discorde, nous marchons sur un fil. Puis quand nous retombons sur nos pattes, je souffle en me disant que « finalement, ce n'était rien ». J'ai la conviction que les mêmes scénarios se déroulent dans les autres foyers. Un bébé modifie tellement le quotidien, il remet le couple en question, il laisse peu de temps à la communication, il épuise. Normal que parfois cela déraille. Je m'étonne qu'on en entende si peu parler. En même temps, je n'ai pas de connaissance autour de moi pour témoigner de situations semblables. Je me tourne une fois de plus vers Internet et j'y trouve du réconfort par le partage d'expériences similaires avec d'autres mamans.

*

J'ai commencé la rééducation périnéale avec Tiffany. Pendant que je fais mes exercices, elle s'occupe de bébé. Je lui avais déjà parlé de nos difficultés à le calmer. A l'avoir dans les bras, elle en prend conscience et m'indique qu'il correspond à un type de bébés qualifiés d'*intenses*. Rien de pathologique, juste une dénomination pour définir le comportement de certains enfants. Après quelques recherches, je découvre une définition qui colle bien à mon enfant : exigent, impatient, insatisfait, imprévisible, tonique, expressif, épuisant. Pour ouvrir ma porte sans sortir de chez moi et échanger sur mes problématiques avec des parents qui ont des vécus similaires je m'inscris sur un forum spécifique. Cet espace de discussion me fait un bien fou. Il m'aide à accepter mon enfant tel qu'il est et me donne des pistes pour nous faciliter la vie. Il me permet également de relativiser car certaines familles ont des difficultés bien plus grandes que les nôtres. Parallèlement, en ce début de troisième mois, bébé commence à progresser sur le plan de la communication. Ses pleurs se modulent en fonction des situations, nous comprenons mieux ses demandes. Il semble qu'il nous reconnaisse enfin à la façon dont il nous regarde. Des phases d'éveil calmes sont apparues, laissant espérer une possibilité de le laisser s'occuper seul. Il refuse toujours d'être posé sur un tapis d'éveil ou dans un transat mais je garde en tête que cette attitude ne sera pas éternelle et que (bientôt ?) nous pourrons avoir un peu de répit pendant qu'il s'intéressera aux jouets ou aux peluches.

*

De toute façon chéri reprend le travail et il est hors de question pour moi de sauter la douche du matin. Bébé va devoir apprendre à rester seul au moins cinq minutes dans la journée. Je suis prête à affronter les hurlements si nécessaire. Me laver et m'habiller n'est pas négociable. A ma grande surprise, dès le premier jour, cela se passe bien. Je ne dis pas qu'il n'y eût pas par la suite de jours plus compliqués mais les premières journées où je dus m'occuper seule de mon fils furent très encourageantes. Par ailleurs, un autre point nous met du baume au cœur : les nuits. Bébé s'est fait vacciner et cela l'a tellement épuisé que nous avons eu deux nuits complètes consécutives. Même si nous savons que ce n'est que la conséquence de ces injections, avoir trouvé un bouton « pause » nous a fait du bien. Puis, notre couple retrouve vite ses marques dans ce fonctionnement quotidien où papa travaille et maman reste à la maison. Même si c'est très cliché. Seules mes vies sociale et professionnelle sont toujours en stand-by.

*

L'horloge interne de bébé est en chamboulement. Les nuits vont mieux, les journées moins bien. Les grandes siestes qu'il faisait dans les deux premiers mois n'existent plus. Il se réveille dès qu'on le pose et ne s'endort pas ailleurs que dans nos bras. Quand on m'avait offert une écharpe de portage en cadeau de naissance, j'avais dans l'idée de l'utiliser à l'occasion, si l'envie me prenait. Rapidement, chéri et moi constatons que c'est un moyen de calmer notre fils. Petit à petit cela devient notre méthode d'endormissement. Nous l'installons dans l'écharpe puis nous marchons en lui donnant notre auriculaire à téter. Petite parenthèse ici sur ce besoin de succion qui nous a cassé les ~~pieds~~ petits doigts. Du temps où je pensais naïvement que les parents décident de ce qu'ils font avec leurs enfants, j'avais parmi mes grandes idées celle que la tétine n'est pas indispensable. Au bout de quelques semaines à lui donner le bout de mon doigt nuit et jour, je modifie quelque peu mon discours et nous tentons la tétine. Malheureusement c'est un échec. Bébé la repousse du bout de la langue. Il est impossible de la lui faire suçoter. Heureusement pour nous, son besoin de succion en journée est en diminution. La nuit cela persiste mais le jour, une fois dans l'écharpe, bébé trouve son sommeil seul. Comme chéri travaille, c'est moi qui le porte contre mon thorax au quotidien. J'ai le sentiment de vivre une continuité de la grossesse. J'y retrouve les sensations d'encombrement, de modification du centre de gravité, je ne vois pas mes pieds et j'ai du mal à m'accroupir. Mais le plus ennuyeux est sans doute que cela limite mes sorties. Je vais marcher quelques fois jusqu'aux commerces du bout de ma rue mais c'est un peu physique, je suis vite essoufflée. Bébé fait déjà plus de six kilos. Donc je continue à tourner en rond, à l'instar des deux mois précédents. Et les murs de mon appartement restent mon principal décor. Allez savoir pourquoi, quand j'y repense c'est un sentiment de bonheur qui m'envahit car tenir mon petit près de moi était tout de même très agréable.

*

Heureusement pour notre santé mentale, ce mois-ci est un moment de progression pour notre enfant. Son temps d'éveil étant de plus en plus long, ses capacités se développent. Il prend conscience de son environnement, il nous regarde avec attention. Il vocalise! Ah. EUH. AHaha. Euh. Nous l'encourageons avec émerveillement. Il commence à sourire. Timidement, de manière aléatoire. Puis de plus en plus fréquemment et de manière plus systématique. Nous cherchons à voir son petit visage afficher un grand rictus. Nous faisons les clowns pour l'obtenir. J'immortalise l'instant en photo et je ne me lasse pas de la regarder. En approchant de la fin du troisième mois, les nuits se sont stabilisées : couché à vingt heures, notre fils ne prend le biberon suivant qu'à cinq heures du matin. Parfait. Reste que le coucher du soir est laborieux. Et qu'il est toujours nécessaire de le rassurer la nuit. Il dort encore près de nous mais se coller contre lui ne suffit pas toujours. Il faut parfois se lever et marcher autour du lit en le berçant pour qu'il reste ensommeillé. La façon de le recoucher est toujours la même : apnée, mouvements lents et réguliers. Nous avons appris à ne pas faire craquer le sommier. Nous décomposons les gestes : poser bébé se fait à peu près en autant d'étapes que nous avons de doigts.

*

Je me sens plus sereine et je passe des moments plus agréables. J'imagine que notre vie va petit à petit tendre vers celle que mon imaginaire garde en mémoire. Je veux croire que les parents zen que nous voulons être vont trouver le chemin pour y arriver. J'espère que notre enfant grandira dans la joie et la bonne humeur, qu'il dénichera ses repères petit à petit et que les choses s'assembleront au fur et à mesure comme les pièces d'un puzzle. Mon côté utopiste ressort, je vois la vie plus positivement, la page de la galère me parait enfin tournée. Même si des difficultés persistent j'ai réellement le sentiment que nous avons tous les trois avancé. Je finis le sevrage de l'allaitement. J'ai pris l'habitude des biberons désormais. C'est même moi qui les donne. Bébé est super coopérant. Sein ou biberon, il n'a jamais de problème pour se nourrir. En revanche, il est toujours très gêné par ses reflux fréquents. Il râle quand son lait fait des allers-retours. Quant à moi, je profite de pouvoir me vêtir de nouveau comme bon me semble. Mes seins retrouvent une taille acceptable et je me réapproprie mon corps.

*

Un an s'est écoulé depuis cette décision que l'on a prise de fonder une famille. Un an bien rempli durant lequel nous avons évolué, beaucoup. Il serait faux de prétendre que ma vie de couple est redevenue comme avant. Nos discussions tournent quasiment exclusivement autour du même sujet : bébé. Nos soirées ensemble sont inexistantes. Nos rapports ont repris mais dans d'autres modalités. "On a quinze minutes devant nous". "Chut". "Désolée il pleure ce n'est pas possible on arrête là". Nous sommes déjà bien contents si nous arrivons à manger ensemble. Le plus souvent, nous prenons nos repas en décalé. Parce que bébé se met à pleurer. Qu'il a besoin d'être baladé. Que c'est l'heure de son biberon. Qu'il est dans l'écharpe de portage et que son réveil approche alors « commence à manger sans moi ». Nous n'avons aucun projet de sortie à deux, ni de vacances, ni de week-end. De toutes les façons, je ne m'y sens pas prête et chéri n'a pas l'air pressé. Il comprend bien la difficulté de laisser bébé en garde. Il la partage. Durant ce quatrième mois de ma vie de maman, je réalise la difficulté de continuer à exister en tant que femme. J'ai l'impression de faire face à un conflit permanent entre les besoins de mon fils et les miens. Aller au WC. Se doucher. Manger. Dormir. La base quoi. C'est toujours un challenge.

*

Notre enfant s'éveille, il est de plus en plus capable de comprendre ce qui se passe et d'exprimer des sentiments adaptés aux situations. Il affiche des préférences pour certains jouets. Nous commençons les lectures et il y est grandement réceptif. Bébé agite ses petits bras et fait de grands moulinets avec ses jambes. Il ouvre de grands yeux, il accélère sa respiration. Chaque nouveau livre éveille sa curiosité. Nous faisons toujours peu de sorties mais les quelques fois où nous avons vu du monde, il a semblé intéressé et pas du tout craintif. Les peurs de la voiture, de la poussette, des bruits de l'ascenseur ou du garage sont dépassées. Il fait les yeux ronds devant certaines situations nouvelles ou prend un air figé si un bruit inconnu le surprend mais il ne panique plus en hurlant comme il le faisait les mois précédents. Nous lui avons reproposé la tétine qui n'a clairement aucun intérêt pour lui. Il n'adhère pas non plus à l'idée de faire la sieste dans son lit. C'est la seule situation qui lui inspire des hurlements de détresse : le coucher. Dans l'écharpe pas de problème. Mais si l'on s'aventure à tenter de le mettre dans son lit c'est le drame assuré. Après plusieurs jours de tentatives non abouties, je jette l'éponge pensant qu'il n'est pas prêt. Une heure de lutte pour l'endormir et cinq minutes de sommeil, c'est un trop mauvais bilan. Restent les couchers du soir où je m'obstine à vouloir le faire s'endormir couché. Je m'allonge près de lui dès vingt heures et le caresse, lui donne mon doigt à téter, lui parle doucement, le câline ou bien le laisse tranquille parfois, restant en retrait pour voir s'il se calmera de lui-même. Il est nourri, changé, aimé, en sécurité et pourtant, il hurle. Je suis déstabilisée. Je ne comprends pas. J'ai du mal à imaginer qu'un jour il réussira à s'endormir calmement.

*

Je n'ai pas encore repris le travail, je vais pouvoir profiter plus longtemps de mon bébé grâce à la pose d'un mois de congé parental et au solde de mes congés annuels. Ma vie professionnelle ne me manque pas pour le moment même si je prends conscience de son utilité pour mon équilibre de femme. C'est ma vie sociale qui me tracasse le plus. Je n'arrive pas à la conjuguer avec les besoins intenses de mon fils. Je ne peux pas recevoir de monde pendant ses siestes car il a le sommeil trop léger. Un craquement de parquet et zou, monsieur ouvre les yeux. Par ailleurs, ses phases d'éveil, de deux heures maximum, sont écourtées par le biberon, le change ou le bain. Sortir sur ces créneaux nécessite une bonne organisation. Ça j'ai. Recevoir des amis sur ces temps-là implique qu'ils soient particulièrement ponctuels. Ça, non, ça merdouille. Mes copines ne sont certes pas à ma disposition mais j'ai l'impression qu'elles n'ont pas conscience du marathon quotidien que je vis. Elles considèrent sans doute que j'ai tout mon temps puisque je suis en congé. Mon impression au contraire est d'avoir un boulot à plein temps et je vis les retards aux rendez-vous de la même façon que l'on est susceptible de les vivre dans le cadre du travail. Que diriez-vous si votre associé se pointait à votre réunion avec une heure de retard ? J'imagine mal le leur expliquer et prend donc sur moi en m'estimant heureuse d'avoir ces visites. Durant ce quatrième mois, nous tentons un deuxième week-end chez mes beaux-parents. Rien à voir avec le premier qui avait été épuisant. Ce coup-ci, chéri prend les choses en main et j'ai l'occasion de me reposer, d'avoir des moments vides et de discuter avec d'autres adultes sans avoir à m'inquiéter de donner un nouveau jouet, changer une couche ou bercer bébé. L'extase.

*

Quatre mois de fatigue cumulée la nuit, avec certaines améliorations encourageantes qui n'ont pas tenu la route. Quatre mois de portage au bras ou en écharpe. De marche en long, en large, en travers, en zigzags, en cercle. De sautillements, trottinements et autres bizarreries qui ne choqueraient pas dans une salle de sport mais qu'on n'est pas censés faire dans son appartement. Quatre mois pendant lesquels il faut se battre contre l'envie de renoncer à prendre soin de soi, car le moment de la douche n'est pas évident à caler dans le planning. Le shampoing encore moins. Le brushing... Non, le brushing, vraiment, c'est compliqué. Ah si! J'ai peut-être un créneau entre le biberon du matin et la couche. Je peux peut-être intercaler le brushing là. Mais il faudra le faire vite quoi. En deux minutes. Pff! Mais non, je suis bête, j'avais oublié la pause pipi. Oui, ça c'est impératif, vraiment. Donc le brushing? Bof. Pour ce coup-ci, pas de brushing. De toute façon qui le verra? Peu de personnes passent. Et on ne sort pas beaucoup. Il fait moche dehors. Il pleut beaucoup en ce moment. Donc on est d'accord? Le brushing ne sert à rien?

*

C'est de nouveau le même constat : on galère. Et par conséquent la même inquiétude : Jusqu'à quand? Parce que je ne sais pas si je vais tenir à ce rythme. Encore un mois? Deux? Dix? Ou alors il faut compter en année? Chéri dit en riant qu'on est foutus, c'est pour la vie. Il a croisé le voisin dans l'ascenseur qui lui a dit qu'avec les ados, c'est pire. Merci des encouragements, ça fait chaud au cœur. Mais je n'y crois pas. Je pense que le pire est derrière nous. Quand je me souviens du premier mois surtout, de ce niveau de fatigue intense et insoutenable. C'est comme cela que je relativise. Puis bébé progresse, doucement mais quand même. Chaque nouveau petit son, nouveau petit mouvement me ravit. Depuis quelques jours il rit aux éclats. Alors on fait tout pour l'amuser et si son rire se déclenche, c'est juste magique. Quand il dort, la tête posée contre moi, son petit visage enfoui dans ses mains, sa frimousse sereine, je me surprends à le regarder avec tendresse et à poser un baiser sur sa joue. Ainsi s'alternent des sentiments contradictoires d'énervement, de fatigue, d'attendrissement, de joie. Et je veux croire que tout va rentrer dans l'ordre. Je ne peux pas me permettre de penser que l'on va continuer à galérer ainsi. Sinon je n'aurais plus la force de me lever le matin et d'aller dans la salle de bain pour y faire une douche, un shampoing, voire même certains jours de grand optimisme : un brushing.

*

Au début du cinquième mois, il y a les rappels des vaccins. Les premières injections avaient assommé mon fils : il avait dormi seul en journée, dans sa nacelle et il avait fait deux nuits complètes. Nous avions pu souffler. En allant chez le médecin cette fois-ci, je suis presque pressée. La perspective d'avoir du répit prend le pas sur mon appréhension de ces piqûres. Pourtant, cette fois-ci, pas d'effets secondaires. Bébé fait de petites siestes en journée et, pire, ses nuits, alors en train de se dégrader, continuent leur régression. Il se réveille de plus en plus tôt pour son biberon, faisant l'inverse de ce qu'il avait fait précédemment. Il ne veut plus jamais dormir au-delà de sept heures du matin, quand toutefois il va jusque-là. Sachant que les couchers sont toujours aussi laborieux et que les réveils nocturnes se re-multiplient, nécessitant de nouveau un bercement au bras et une pose en douceur digne d'un mouvement de yoga, notre temps réel de sommeil reste réduit.

*

Il fait aussi marche arrière au niveau alimentaire : tandis qu'il prenait quatre biberons au début du quatrième mois en se calant sur un rythme assez fixe, il revient aujourd'hui à six, sur un rythme aléatoire. Nous avons fait le choix de fonctionner "à la demande" et non en fonction d'un horaire. Il ne les boit pas en entier. Il les réclame pourtant vivement mais il est rassasié parfois dès la moitié. Je pense que cela justifie l'augmentation des prises. J'ai le sentiment que les gros biberons lui entraînaient davantage de régurgitations. Peut-être s'est-il adapté en prenant de plus petites quantités plus souvent pour être moins gêné? Tiens! Les reflux. Parlons-en. Je pensais qu'au bout de quatre mois, l'amélioration serait nette. Je me trompais. A la visite des vaccins je soulignais au médecin ces symptômes : mâchonnement régulier, vomissements quotidiens, grimaces et torsions d'inconfort, cris et pleurs inexpliqués fréquents, difficultés à se coucher, biberons chaotiques. On m'envoya vers une gastro-pédiatre pour vérifier que bébé n'avait pas de problème notable. Résultat : tout va aussi bien que cela peut aller pour un nourrisson de quatre mois ayant des reflux physiologiques auxquels on ne peut rien faire et qui, ce rendez-vous me l'apprit, peuvent perdurer jusqu'à un an (ou plus précisément jusqu'à l'acquisition de la marche). Super.

*

Ces reflux abondants me tracassent. Certains biberons sont devenus une horreur. Il a faim mais quand il tète il s'étouffe, il se cambre, il vomit, il s'énerve, il pleure puis il reprend. D'autres biberons se passent très bien. Je n'identifie pas la cause de ces fluctuations. Un truc m'échappe. C'est au hasard d'un nettoyage de tétine que je comprends d'où vient le problème : certaines se sont usées et leur valve s'est légèrement déchirée. J'imagine la complication pour mon petit bonhomme de s'en sortir avec un flux de lait abondant, lui qui a besoin pour maîtriser ses régurgitations d'avoir une cadence de repas la plus lente possible. Je culpabilise de n'avoir pas pensé plus tôt à vérifier nos tétines. Pourquoi personne n'a eu l'idée de nous en parler ? Chéri et moi ne pensions pas que cela s'usait si vite. Après en avoir acheté de nouvelles, le problème des biberons maudits disparaît. Les reflux persistent mais ils semblent moins dérangeants pour notre bébé qui réussit enfin, et ce pour la première fois depuis sa naissance, à rester calme après un repas voire même à se rendormir aussitôt la nuit. Pour un changement, c'en est un gros. Auparavant, il fallait une bonne vingtaine de minutes pour l'apaiser à la suite d'un biberon et c'était très déroutant de voir à quel point manger était compliqué pour lui. Aujourd'hui, il s'endort calmement, en tétant, comme il le faisait au sein juste après sa naissance.

*

Le cododo devient oppressant. La présence de bébé me gêne pour dormir. Je suis bloquée entre lui et son père, je n'ose pas bouger de peur de le réveiller. Je réveille chéri quand il ronfle, je câline mon fils pour qu'il se rendorme. C'est un manège sans fin où nous nous gênons tous les trois. J'ai l'impression que le bénéfice de cette situation, valable les premiers mois, n'est plus d'actualité. Les couchers sont laborieux. Bébé hurle à plein poumons tous les soirs. C'est un passage difficile de plus d'une heure qu'il faut affronter chaque fois. Quitte à en baver, nous nous demandons si cela ne vaut pas le coup de tenter de le faire passer dans son lit, dans sa chambre. L'idée est qu'une fois endormi, il aura moins de raisons de se réveiller, et nous aussi par la même occasion. La première nuit est ponctuée d'une bonne dizaine de levers, de bercements. Malgré tout j'y crois. Parce que pour la première fois depuis sa naissance, notre fils arrive à dormir (un peu) dans son lit. Nous décidons de nous laisser quelques jours pour apprécier sa capacité d'adaptation. Au bout d'une semaine le constat est très bon : l'endormissement se fait principalement au bras, pendant une trentaine de minute et nous devons y retourner deux fois en moyenne avant que la nuit ne démarre vraiment. Mais une fois ensommeillé, notre bout d'chou dort vraiment *tout seul*. Il nous appelle pour un biberon vers deux heures et nous laisse nous recoucher quarante-cinq minutes plus tard. Il faut chaque fois quelques tentatives pour le reposer dans son lit mais on y arrive ! Cette possibilité nous permet de dormir, nous aussi, plus sereinement, plus longtemps et surtout, plus efficacement. Ces nuits me paraissent largement supportables. Je rêve parfois du jour où il ne nous appellera plus mais j'apprécie déjà de retrouver ma liberté de mouvement dans mon lit, de diminuer ma vigilance et de me réveiller reposée.

*

Cela tombe très bien car parallèlement je reprends le travail. Après un congé maternité, un congé parental d'un mois et la pose de mes congés annuels restants, je reprends une route professionnelle. Sept mois se sont écoulés, je m'attends à être décalée. En réalité je me retrouve simplement avec la même impression qu'à un retour de vacances. Mes neurones ne sont pas tous connectés, je manque de vivacité d'esprit et d'intérêt parfois, comme si j'avais encore un peu la tête à la maison mais globalement je m'adapte bien. Je me plais même dans cette nouvelle vie qui me permet de varier mes activités, de voir du monde, d'échanger avec des adultes. De son côté, bébé est gardé par son tonton qui, étant étudiant, peut nous aider à prolonger d'un mois le maternage. Bon, le tonton n'est pas chaud pour garder bébé au bras toute la journée. Il a la grande idée de lui apprendre à aimer son lit. En quelques jours, mon bout de chou le ramène dans le droit chemin du portage. Le premier jour me paraît très long puis peu à peu je m'habitue à ce nouveau rythme, et, même si je suis toujours heureuse de retrouver mon fils chaque soir, je ne pense pas forcément à lui toute la journée. Je déconnecte de ma fonction de maman. Je retrouve un autre morceau de moi-même. Assez vite je m'y retrouve, puisqu'en ayant repris à quatre-vingt pour cent j'ai une journée en plus du week-end pour profiter de bébé. Je n'ai donc pas le sentiment de le perdre de vue. Les soirées passent vite mais il fait sa sieste de fin d'après-midi dans l'écharpe de portage, contre moi. Je sens sa respiration sur mon thorax, sa chaleur contre mon ventre, j'entends son souffle régulier. Je prends ce moment de câlin comme un moyen de garder le lien avec lui. Je l'apprécie et je crois que lui aussi, même s'il ne semble pas avoir eu de difficultés avec tous ces changements. Des dodos la nuit seul dans son lit, une maman absente quatre jours par semaine, j'aurais cru voir dans son attitude plus de modifications. Or il reste souriant et constant dans son rythme de vie. C'est une belle étape de franchie.

*

Chéri et moi retrouvons des soirées. On ne se couche plus avec les poules. On reste éveillés jusqu'à vingt-deux heures en général, heure après laquelle notre enfant ne nous sollicite normalement plus. Cela est très nouveau et nous laisse une grande liberté. On peut regarder un peu la télé, ou surfer sur le net. Pour l'instant, nous profitons de ce temps individuellement, il est difficile de prendre des moments pour notre couple. Il faut dire que bébé nous rappelle toujours après le coucher et qu'il faut aller le re-bercer quelques minutes, nous restons donc à sa disposition. Personnellement, je trouve désormais la situation très acceptable, je ne me sens plus écroulée de fatigue. Nos nuits sont toujours morcelées mais elles sont tout de même réparatrices. J'ai l'impression d'avoir tourné la page de l'épuisement. En général je dors de vingt-deux heures à deux ou trois heures du matin puis de trois ou quatre heures à sept heures. A peu près deux fois quatre heures de sommeil chaque nuit. C'est formidable ! Je garde en tête que rien n'est acquis mais je profite de ces nuits agréables.

*

Nous approchons de la fin de ce cinquième mois quand nous commençons les solides avec bébé. Après s'être renseignés, nous envisageons d'utiliser la méthode de la DME. Diversification Menée par l'Enfant. Il est encore un peu jeune pour s'alimenter autrement qu'au biberon mais il est déjà très intéressé par nos assiettes. Nous commençons donc à lui donner de gros morceaux de fruits ou de légumes qu'il s'amuse à suçoter. Il fait toujours une petite grimace quand l'aliment touche sa bouche puis il le tète doucement, réussissant parfois à avaler quelques morceaux. Il nous regarde manger pour prendre exemple et il s'applique à garder son aliment en main. Nous avons une petite blouse à lui mettre si l'expérience paraît salissante mais parfois son bavoir suffit à recueillir les chutes. Il a surtout des difficultés avec les pêches ou les melons qui lui glissent des mains. C'est un vrai défi pour lui d'attraper, d'amener à sa bouche et de garder le morceau en main. Je trouve qu'il s'en sort bien et le voir faire ses expériences nous amuse beaucoup. Encore un pas dans la vie de bébé qui nous ravit et nous montre qu'il grandit, petit à petit.

*

Chapitre 5 : ***Un deuxième souffle.***

*

Mon fils a tout juste cinq mois quand deux médecins m'alertent sur mon absence de retour de couche. Le médecin du travail d'abord puis mon généraliste. Je finis avec une ordonnance pour une prise de sang afin de doser les Béta HCG. J'hésite d'abord car tout cela me parait farfelu mais au bout de quelques jours, cette question commence à me travailler et je décide de passer le pas. Chéri et moi souhaitons d'autres enfants mais nous avons déjà du mal avec le premier donc il n'est pas vraiment prévu d'avoir un deuxième si tôt. Pourtant je m'habitue à l'idée. J'aime le fait de ne ressentir aucune douleur au ventre, aucune nausée, j'imagine que cette deuxième grossesse serait différente et plus facile à vivre. Je garde quand même à l'idée que l'on embarquerait dans un nouveau sous-marin mais sortir la tête de l'eau ne m'apparaît plus comme une priorité. En consultant mes résultats je suis partagée entre l'envie de revivre ce moment exaltant qu'est l'attente d'un enfant et celle de souffler un peu en prenant le temps de trouver nos marques à trois. Négatif. OK. Bon. Après tout c'est mieux ainsi. Voilà qui explique mieux mon absence totale de symptômes. Heureusement que j'ai fait cette prise de sang, cela m'a au moins évité de me monter trop longtemps la tête. Hier soir, quand j'avais demandé à chéri son avis il m'avait dit : « si tu es enceinte au moins ce sera réglé ». Sous-entendu : quitte à en baver autant tout faire d'un coup. Mais aussi « je ne pense pas qu'il y ait plus d'un pour cent de chance que tu sois enceinte ». Il avait raison, c'était très peu probable. A l'annonce du résultat ce matin il n'est pas surpris. On passe vite à autre chose.

*

Il arrive exceptionnellement que bébé ne dorme pas bien et c'est alors un challenge pour nous car, même si c'est plus rare qu'avant, c'est toujours difficile à gérer. L'absence de nuit complète depuis cinq mois nous rend moins patients. Vous pensez sans doute : absence de nuit complète ? Mais vous disiez que vous vous relayiez ? Effectivement. Avant d'avoir un bébé je croyais que seul un des deux se levait tandis que l'autre dormait paisiblement. Dans notre réalité, ce n'est pas le cas. L'un va chercher bébé pendant que l'autre va préparer le biberon pour calmer les pleurs le plus vite et le plus efficacement possible. Mais de toute façon entendre bébé pleurer ça réveille. Surtout quand les chambres sont adjacentes. En général, on se rendort assez bien mais il arrive que l'on ne trouve plus le sommeil. Et que dès quatre heures du matin notre nuit se termine, ce qui, au regard des mois précédents, nous paraît assez acceptable.

*

Nous profitons de la possibilité de laisser bébé en garde à son tonton (qui s'en occupe en semaine) pour faire une sortie ensemble au mariage d'une copine et profiter de moments à deux et entre amis. C'est l'occasion aussi de voir d'autres bébés et de réaliser les différences avec le nôtre. Ils sont tout petits, d'une taille et d'un poids que notre fils n'a jamais eu. En face de nous à table, il y a un petit garçon de dix mois, qui pèse moins lourd que le nôtre (qui a tout juste cinq mois). Nous ouvrons de grands yeux et entamons de longues conversations avec les parents présents. Nous découvrons que certains bébés n'ont pas de coliques, font leurs nuits très tôt, ne pleurent presque jamais. Nous réalisons le grand écart entre notre vie et celle de d'autres familles. Il y a autant d'histoires que de personnes présentes. Certaines nous rassurent en nous affirmant avoir eu un vécu similaire, d'autres nous désorientent en nous décrivant un tableau complètement différent. Je regrette presque que bébé ne soit pas là, j'aurais aimé le présenter aussi. Mais il faut avouer que cette liberté de parole et de mouvements est bien appréciable. Nous quittons la table avant la fin du repas et prenons la route de nuit pour retrouver notre chérubin. Il est une heure du matin quand nous nous couchons. Une belle journée s'est écoulée. Et comme la fin de la nuit se passe normalement (entendre par là qu'après une heure de sommeil il faut se lever pour le biberon), je me sens soulagée et heureuse au matin. Bébé fait de grands sourires, le soleil brille, j'ai l'impression d'avoir la pêche !

*

C'est décidément un mois de grande avancée pour notre bébé qui ressemble de plus en plus à un petit garçon. Il faut dire que nous avons le modèle XXL. Dès la naissance, il explosait les scores et depuis, il continue sur sa lancée. A cinq mois et demi, certains vêtements de un an sont trop justes (toujours cette histoire de différence en fonction des marques). Heureusement beaucoup d'habits en neuf mois lui vont encore bien mais nous regardons déjà un peu du côté du dix-huit mois. Il faut savoir piocher un peu partout pour réussir à l'habiller ! Et une fois vêtu notre loustic part à l'aventure. Il a découvert le retournement sur le ventre mais ne sait pas encore trop comment revenir sur le dos alors qui est-ce qui s'y colle ? Maman ! Il arrive à tenir un peu la position assise et se relevait trop dangereusement dans son transat. Fin de vie de celui-ci et passage à la chaise haute. Petit flip avec chéri au début : « t'es sûr qu'il ne peut pas tomber ? ». Oui parce que je croyais qu'il resterait sagement assis. Mais quelle idée ! C'est bien plus rigolo de se balancer et de voir si on peut attraper tout plein de trucs. Sauf pour nous les parents, qui, au lieu de nous marrer, serrons les dents en priant pour que ce matos soit solide (au prix où on l'a payé, il peut !). Bébé attrape facilement ses jouets mais n'aime toujours pas trop jouer seul, il veut faire comme nous, être avec nous, d'une curiosité constante. Au moment des repas, il cherche à chiper dans nos assiettes. Nous continuons à lui proposer des morceaux mais nous lui donnons en parallèle quelques aliments à la cuillère. Pourquoi ? Simplement parce qu'il écrabouillait tout dans ses petits doigts mais restait frustré de ne pas pouvoir en manger. Donc on aide un peu et il est ravi. Bien sûr, il essaye de tenir seul sa cuillère, fidèle à son envie de tout faire, mais pour l'instant c'est laborieux. Si vous lisez entre les lignes vous voyez transparaître notre fierté sur cette page. C'est vrai qu'on est émerveillés d'un rien. J'ai désormais l'impression que les enfants ont quelque chose de vraiment fabuleux en eux : **la capacité de rendre incroyable et merveilleuse la chose la plus banale du quotidien.**

*

Il aura fallu presque six mois pour que je puisse annoncer fièrement : BEBE FAIT SES NUITS. Après quelques tâtonnements, voilà une semaine qu'il dort de vingt et une heure à sept heures trente le lendemain. Je n'ose y croire. Et, comment dire ? J'ai raison de douter. Car le temps est venu d'être gardé chez une vraie nounou, qui nous dépanne pour l'été et aura peut-être une place à la rentrée. Or, après un jour entier chez la nounou : bébé ne fait plus ses nuits. Si je le pouvais ça me ferait bien rire mais tout ce qui a trait au sommeil ne me fait plus rigoler depuis longtemps. En journée, il m'est toujours impossible de lui faire faire une sieste digne de ce nom en dehors de l'écharpe de portage. Et la nounou a le lit pour objectif. Même si je la comprends, je sens que cela va perturber le rythme de bébé et j'appréhende un retour en arrière. Nous touchions presque au but, c'est un peu rageant. Pourtant je ne suis pas vraiment surprise, ni vraiment fâchée, je me sens l'âme fataliste. Il dormira bien un jour. Puis cela n'a plus rien à voir avec notre galère des premières semaines. Même si ce n'est pas hyper agréable de se lever à quatre heures du matin, ça ne me paraît pas non plus insurmontable. Chéri prend lui aussi tout ça sereinement, il est convaincu que les choses vont très vite retrouver leur place. J'essaye d'y croire autant que lui mais, au pire, la situation actuelle me paraît tenable. En dehors de ses difficultés avec le sommeil, mon fils développe tout un tas d'aptitudes. Il a désormais bien compris l'intégralité des possibilités du retournement et il s'éclate à les utiliser. Il rampe un peu aussi et arrive à changer de direction à plat ventre. Il n'aime toujours pas rester seul dans sa chambre plus de quelques minutes mais il est capable de jouer un peu sans nous et on l'entend qui se raconte des histoires ou qui parle à ses jouets (allez savoir ce qui se passe dans sa tête !). Il communique beaucoup avec nous mais aussi avec les autres, adultes ou enfants peu importe. Chaque visage semble lui inspirer de grandes conversations et il sourit à pleines dents quand on lui répond. Ai-je dit à pleines dents ? On dirait bien. Erreur de ma part. Car des dents, il n'y en a aucune. Il salive et mordille tout ce qui lui passe sous la main. On sent que ça se prépare depuis déjà pas mal de temps. Mais rien à l'horizon. Pas l'ombre d'une poussée dentaire. Ce sera peut-être pour le mois prochain? Cette aventure perpétuelle me plaît de plus en plus. Tant de découvertes restent à faire pour notre petit bonhomme que nous accompagnons du mieux que nous pouvons. Il reste du chemin avant qu'il soit adulte.

*

C'est en entrant dans son septième mois que notre fils *commence* à s'endormir seul le soir. Fini le calvaire de l'endormissement et de la pose délicate. Bébé aime désormais son lit. Bon, ça a ses limites. En journée par exemple. Impossible de le poser en disant « bonne sieste » et d'aller vaquer à ses occupations, il signale par ses hurlements que l'écharpe est toujours nécessaire. En revanche, le soir, après notre petit rituel du coucher, quand nous le posons au lit, disons « bonne nuit » et sortons, pas un bruit sinon celui de ses roulades. Notre petit cœur cherche un peu sa position puis, une fois qu'il la trouve, hop, il s'endort. Sans balade, sans parents, sans musique, lumière, mobile… (Sans somnifère non plus !) Pas de truc ou d'astuce. Il faut dire que maintenant qu'il se retourne comme ça lui chante, il a découvert le sommeil sur le ventre. Un vrai bonheur. Nous ne sommes pas surpris, il était évident qu'il était mal à l'aise sur le dos. Alors pourquoi ne l'a-t-on pas couché plus tôt sur le ventre ? La peur de la MSN (Mort Subite du Nourrisson). Sans doute non fondée car depuis sa naissance notre petit bonhomme a une très bonne tenue de tête et est capable de la redresser s'il est couché à plat ventre. Malgré cela, je flippais un peu quand même. Et si dans son sommeil profond il se collait le nez dans le matelas et perdait connaissance sous l'effet d'une respiration intensive de son propre CO_2 ? (Non, non, je ne suis pas psychotique, seulement bien renseignée). La question ne se pose plus depuis que je l'ai retrouvé un matin sur le ventre, la tête bien tournée sur le côté. Puisqu'il s'y met tout seul en cours de nuit, nous l'y mettons parfois dès le coucher. Sereinement. Je ne le sens plus en danger. Et quel bonheur de sortir de la chambre en le laissant trouver son sommeil. Je n'osais plus l'espérer. Et pourtant, tout arrive.

*

J'écris ce livre au fur et à mesure, pour éviter que ma mémoire ne me joue des tours. Une semaine après avoir écrit le paragraphe précédent, je me vois obligée de mettre un gros bémol : bébé *peut* s'endormir seul mais cela dépend de son humeur et la majeure partie du temps, il a encore besoin d'un gros câlin et d'une balade avant de dormir sa nuit. Mais au moins, c'est sûr il dort ! Il n'y a plus de biberons nocturnes depuis un moment (l'écrire ça ne va pas me porter la poisse hein ?) et au pire, bébé se réveille vers cinq heures et demie car il voudrait que ce soit déjà le matin. Sa moyenne est vers six heures et demie, ce qui est tout à fait correct. Je me couche tôt en général et je considère donc que moi aussi je fais mes nuits (sept à huit heures) ! Comme c'est bon de retrouver ce plaisir du sommeil. Je savoure chaque matin, même s'il est tôt, remerciant mon fils pour ce repos qui nous est accordé. Alors que j'étais ronchonne auparavant en me levant, devenir maman m'a rendu plus sereine au réveil et plus consciente des besoins de mon corps. Finalement, arrêter les grasses matinées est bénéfique car j'ai moins de mal à me lever tôt en le faisant tous les jours. Si, si.

*

Gros évènement de ce septième mois : La Piscine. Première expérience à partager en famille, un matin où nous nous sentions d'attaque. Grosse organisation aussi. Il nous faut partir tôt après le réveil et le premier biberon pour avoir un loulou en forme dans l'eau et qui profite de ce moment. Résultat : des yeux curieux, un regard surpris mais très vite de bonnes sensations dans l'eau. Bébé s'amuse à battre des pieds et des bras, n'a visiblement pas peur –il faut dire qu'on le garde au bras puisqu'il n'y a pas de pataugeoire-. Je me risque à le faire plonger une fois, la tête sous l'eau, comme j'ai déjà pu le voir avec des vidéos de « bébés nageurs ». Il est un peu déboussolé et content de retrouver la surface mais il sourit vite et cette immersion ne le perturbe pas. Mais l'eau est fraîche. Nous nous en sommes rendus compte dès en entrant et nous veillons à ce que bébé bouge pour éviter qu'il ne prenne froid, puis au bout de dix minutes, nous le sortons de l'eau et le réchauffons dans une serviette. Malheureusement il y a des courants d'air, nous préférons ne pas nous éterniser. En partant, chéri et moi sommes ravis, tout s'est bien passé et nous discutons du jour où nous pourrons renouveler l'expérience.

*

Deux jours plus tard, bébé tousse de plus en plus. Sur le coup je ne fais pas le rapprochement. Puis il commence à faire de la fièvre, son nez se met à couler. C'est clair : il est malade. Premier petit rhume pour notre fils et impossible de ne pas penser à l'eau fraîche de la piscine… Pour le coup, ces jours de nursing auprès d'un petit enrhumé ronchonnant et fiévreux m'ont refroidi quant à retourner se baigner… Le bilan est fatigant avec une nuit blanche et un enfant au bras toute la journée. Il doit se sentir mal et hurle aussitôt que je m'éloigne d'un mètre de lui. Je n'exagère pas. J'ai bien dit un mètre. Il accepte d'être posé à mes pieds sur un court laps de temps mais globalement il veut les bras. Rien que les bras. Et mes bras à moi sont épuisés. Notre assistante maternelle étant en vacances, je suis de garde pour quinze jours. La première semaine a rassuré bébé, tout perturbé par ses premières journées en garderie où il dormait peu, désorganisant son rythme de sommeil nocturne… En quelques jours, il avait retrouvé son rythme à mes côtés. Puis ce rhume. Et hop, ma deuxième semaine de vacances se passe. Enfermés dans cet appartement à attendre la guérison. J'annule la visite chez mes beaux-parents, censée compenser l'absence de chéri parti quelques jours dans le sud avec des amis. Je me retrouve seule et légèrement désespérée. Très inquiète aussi des nuits que bébé va me faire. Finalement, le rhume évolue bien mais je finis tout de même ces vacances sur les rotules, presque contente de retrouver le chemin du travail. Et la piscine ? J'avoue que j'ai envie de retenter mais peut-être dans une autre piscine et avec un temps encore plus chaud. Voire caniculaire.

*

Côtés progrès je constate de belles avancées. Mon regard de kiné admire bébé dans ses évolutions motrices. Il tient bien assis et sait se rallonger seul. Il avance par terre, d'une façon qui lui est propre et qui ne correspond ni à du 'rampé' ni à du 'quatre pattes', mais à un mix des deux qui visiblement fonctionne… J'ai quand même hâte qu'il trouve un moyen plus académique car ce n'est pas très efficace. Il se met à quatre pattes mais ne sait pas quoi faire ensuite alors il plonge au sol. Parallèlement, il essaye déjà de se mettre debout. Je préfèrerais qu'il évolue un peu mieux au sol avant de passer à autre chose mais bon, comme pour tout, c'est lui qui décide… J'ai l'impression que son impatience l'empêche d'approfondir ses mouvements et il s'énerve quand il n'arrive pas quelque chose. Je m'efforce de le rassurer, de ne pas faire à sa place mais cela fini parfois en crise et je suis obligée de le prendre au bras. Il se cogne dans les murs ou les meubles, il vomit quand il s'énerve, il devient tout rouge et tape le sol, c'est une évidence : bébé n'est pas un modèle de patience et de sérénité ! Il affiche des préférences sur les jouets (et aime en changer souvent). Il s'intéresse toujours autant aux livres (et aime entendre les mêmes histoires en boucle). Au niveau alimentaire, voilà quelques semaines qu'il fait quatre repas : matin, midi, goûter et soir. Un biberon à chaque fois en complément d'un aliment (sauf le matin où on ne donne que le biberon). Il mange seul le melon ou l'artichaut et quasiment tout le reste à la cuillère. Il est devenu assez demandeur et là aussi, affiche ses goûts : la carotte oui, la pomme de terre non. Il sait aussi dire « j'en veux » ou « j'en veux pas » de manière très claire. S'il en veut, il tend ses bras et ouvre la bouche. S'il n'en veut pas, il détourne le regard et maintien la bouche fermée quand la cuillère s'approche. Je suis toujours surprise de l'intensité de sa volonté. Quand il est demandeur, cela semble urgent et impératif. Quand il n'a plus envie, c'est non négociable. Est-ce un caractère fort qui se dessine ? Est-ce que tous les enfants sont aussi sûrs d'eux et de leurs décisions ? Nous respectons ses choix tout en continuant à lui proposer de la variété dans l'assiette et nous suivons son rythme, sachant qu'il est de toute façon le mieux placé pour connaître ses besoins.

*

En quelques jours, bébé trouve comment se mettre seul assis, à genoux et même debout en s'appuyant sur tout et n'importe quoi (y compris des trucs pas du tout sécuritaires !). Il devient plus rapide : en quelques secondes il pourrait tomber de notre lit ou de sa table à langer. Au sol, il fonce à quatre pattes (parfaitement maitrisé désormais) vers ce qui l'intéresse. Nous gardons l'œil bien vigilant, surtout vis-à-vis de nos deux chats. Dans l'espoir de le coucher dans son lit pour les siestes nous avons acheté un mobile. Cela retient son attention quelques minutes et nous évite des hurlements mais en aucun cas il ne s'endort. Ni avec le mobile qui tourne, ni avec la projection de lumière au plafond, ni avec la musique. Rien n'y fait, pas même la fatigue extrême. Nous le couchons, le recouchons, attendons, le recouchons. Il ne dormira pas avant que l'un de nous ne le berce au bras ou ne le prenne en écharpe de portage. Au lieu de cela, il escalade désormais son lit à barreau pour tenter d'en sortir. Demain, premier jour de son huitième mois de vie, il retourne chez l'assistante maternelle. Elle ne le portera pas et je comprends bien ses motifs. Bébé va-t-il s'adapter ? Evoluer ? Résister ?

*

Le retour en garderie a des allures de bowling. Toutes les quilles mises en place autour du sommeil s'écroulent. Strike. On construit autre chose en une dizaine de jours, avec l'aide de bébé qui comprend que les siestes en écharpe ne sont pas possibles là-bas. Il accepte enfin, y compris avec nous, de faire deux de ses trois siestes dans son lit. Il a besoin pour cela d'être accompagné en chanson et surtout en présence (le temps de s'endormir). Il est aussi nécessaire que sa fatigue soit extrême, sinon l'endormissement est (encore) plus long. Mais globalement, c'est un travail permanent de réassurance au moment du coucher qui aboutit enfin à de réelles siestes. Une heure, deux heures, parfois même trois. La première fois, chéri et moi sommes tout à fait déstabilisés devant ce temps libre qui s'offre à nous. « Il est réveillé là non ? ». J'essuie la vaisselle. « Ça fait combien de temps déjà ? ». Petit tour de salon. « Tiens je crois que j'ai entendu un bruit ». Mode espion activé. « Je vais aller dans sa chambre quand même au cas où ». Bon, il dort. L'expérience se renouvelle et reste un succès. Nous profitons de cet espace-temps qui s'ouvre à nous pour respirer un air différent, reposer nos corps et nos esprits fatigués. Je ne porte plus bébé en écharpe que pour la mini-sieste de trente minutes du soir ; cela devient un moment d'autant plus privilégié qu'il est rare.

*

Durant ce huitième mois de la vie de bébé, nous nous accordons un grand week-end à la mer, avec mes beaux-parents et mon beau-frère. Une expérience ressourçante pour nous puisque, après une petite période d'adaptation, bébé se plaît et les cinq adultes que nous sommes à le choyer se relayent suffisamment facilement pour que chacun (y compris moi !) puisse avoir aussi des temps à soi. Les deux grosses siestes continuent à se faire dans un lit (bébé s'adapte au lit parapluie sans difficulté!!). Les nuits se passent normalement. Sachant que « normalement » pour nous c'est une nuit complète en gros une fois sur deux, le reste du temps se partageant entre un ou deux rappels gérables et, plus rarement, un capharnaüm insupportable (comprenez une nuit presque blanche). Mais là, c'était juste bien. Avec ce qu'il faut de compagnie pour que tout le monde y trouve son compte. Et la mer. Que bébé ne calcule pas du tout (nous si !). Puis sa rencontre avec le sable, énigmatique : « quel est ce truc qui glisse de ma main quand j'essaie de l'attraper ? » a-t-il l'air de se demander en manipulant les petits grains. Quelques photos plus tard il a fallu rentrer. Beaucoup moins marrant ça. Parce que parmi nous trois, aucun ne semble ravi de retrouver son chez soi. Alors c'est à qui chouinera le plus fort... Pour une fois bébé n'a pas gagné à ce jeu-là. Mais il était bien malheureux de quitter son papi-rigolo, sa mamie-câlin et son tonton-cadeau. Triste mine qu'il nous a tiré pendant deux ou trois jours. Puis le quotidien est reparti avec ses hauts et ses bas, mais plus de hauts quand même car je dirais que ce mois-ci passe plus vite que les autres. Pour la première fois j'ai envie de dire *déjà*.

*

Alors *DEJA* presque huit mois. Bébé les aura dans une semaine. A le voir on lui en donnerait dix. Grand, fort, éveillé, très avancé sur le plan moteur, c'est un petit poussin qui semble vouloir être coq sitôt la sortie de l'œuf. J'essaye de le couver un peu de temps à autre pour lui rappeler qu'il est petit mais ses priorités sont ailleurs : découvrir chaque objet, apprendre à marcher, manger de tout, voir le monde. Un beau programme qui l'occupe tellement en journée que je peux désormais le laisser vaquer à ses occupations pendant que je m'occupe de l'appartement ou de la cuisine. C'est impressionnant de voir à quel point cette autonomie toute nouvelle lui permet d'apprivoiser la solitude. Il n'a plus besoin de hurler de frustration. Il attrape ce qu'il veut et il va où il le souhaite. C'est le début pour nous des « non ne touche pas à ça » (les prises, la poubelle, la gamelle du chat). Ou des « il est où ? » quand il sort de notre champ de vision pour courser un chat, foncer sur le dernier truc qui lui était interdit ou tout simplement visiter la pièce d'à côté. Je suis tendrement amusée de le voir évoluer ainsi. C'est beau à regarder, je ne me lasse pas de le voir vivre.

*

Les dents étaient en préparation depuis un long moment, avec le package *all inclusive* : mordillement frénétique, gonflement des gencives qui laisse apparaître des formes de dent et ronchonnade attitude. Quelques jours avant qu'il ne fête ses huit mois, on dirait que ça évolue : de petits points blancs apparaissent laissant penser que la dent est en train de percer. Mon pauvre petit cœur a l'air plus gêné que jamais et … Il dort moins bien (uniquement aux siestes pour le moment, #jetouchedubois). Il est sur un nouveau chemin, différent du parcours moteur qu'il avait jusque-là exploré. Et c'est un pas à faire pour moi, puisqu'en voyant apparaître des dents dans sa bouche, je le sens grandir un peu plus. Or l'envie que j'ai de le voir évoluer se retrouve parasitée d'un désir tout neuf : conserver l'image de mon bébé tel qu'il est maintenant. Ce huitième mois marque l'apparition des premiers sentiments nostalgiques, tombés comme un cheveu dans ma soupe.

*

Début du 9e mois. Flash-Back. Parce que neuf mois c'est aussi le temps d'une grossesse et parce que j'ai entendu cette phrase « il faut neuf mois pour faire un bébé et neuf mois pour s'en défaire ». Alors j'imaginais (naïvement) qu'au bout de neuf mois, bébé aurait en quelque sorte une autonomie qui me permettrait de le confier plus facilement à quelqu'un et de ne materner que par plaisir et non par obligation. J'entends par là que les besoins intenses de mon fils seraient en voie d'extinction et que ses capacités de compréhension lui permettraient de me laisser une minute quand j'en ai besoin. Et pourtant je doute un peu car il me semble encore bien petit pour attendre tout cela de lui. Parallèlement, j'ai moins envie de le lâcher, les choses se sont mises en place et j'ai trouvé mon chemin. Je ne suis plus happée par une situation qui m'échappe. Je trouve mon compte dans ce quotidien avec un tout petit. Le bonheur de l'avoir dans ma vie est aussi intense qu'était ma fatigue des débuts. Je considère que le pas est passé. Il est là, avec nous, et c'est avant tout une source de joie immense.

*

La sortie des dents est spectaculaire. Mon gars ne fait rien à moitié. Il sort ses deux incisives du bas et enchaîne avec une du haut. En quelques jours, l'affaire est bouclée. Je m'attends à voir la dernière incisive du haut apparaître bientôt. Ces petites dents sont bienvenues pour l'aider à manger le solide qu'il suçotait déjà mais qu'il peut désormais découper. Les tomates, concombres et artichauts sont les premiers à tomber sous ses crocs. Il a l'air surpris par cette apparition dans sa bouche et il montre du doigt nos dents de parents. Il les touche et les regarde l'air curieux. C'est très marrant de le voir comprendre qu'il a la même chose qui pousse dans sa bouche. Nous lui expliquons qu'il en aura autant que nous plus tard et que c'est très utile pour manger. Nous lui achetons sa première « brosse à dents ». Un bien grand mot pour décrire une mini brosse plastifiée prévue pour l'hygiène bucco-dentaire des bébés, sur laquelle on ne met pas de dentifrice (il est trop petit !). Le tout est d'y penser et de trouver un peu de coopération du côté de mon loulou, qui voit plutôt ça comme un nouveau jouet à mordiller.

*

Le sommeil s'est stabilisé la nuit, avec des dix ou onze heures non-stop, pour notre plus grand plaisir. Les dents secouent un peu cette organisation et j'encaisse difficilement les quelques levers. Pourtant, bébé est maintenant bien plus à l'aise dans son lit. Il s'endort couché et, s'il nous appelle la nuit, il peut parfois se contenter de sentir notre présence par un simple contact ou une petite parole pour se rendormir. Il n'y a plus d'obligation à le porter des heures et c'est quand même un soulagement pour nos petits bras car notre bout de chou se porte toujours aussi bien. J'attends la pesée médicale du neuvième mois pour en dire plus mais je pense qu'il se maintient sur la courbe haute. Les siestes sont en revanche toujours un peu chaotiques. Bébé accepte de les faire dans son lit, l'écharpe n'est utilisée qu'en petit complément en fin de journée et seulement si nécessaire. Mais la durée de la sieste est parfois bien trop courte. Avec un temps d'endormissement allant de vingt minutes (youhou) à trois heures trente (carnage…), on ne sait jamais vraiment à quoi s'attendre quand on le couche.

*

Le neuvième mois, c'est aussi le retour de la piscine. Nous choisissons de changer de lieu au profit d'une piscine plus familiale, avec une pataugeoire. Bébé s'y plaît beaucoup et s'y amuse bien, il tape l'eau de ses mains, il y avance à quatre pattes, il y récupère des jouets et rencontre d'autres enfants. Une belle expérience qui cette fois-ci ne se termine pas par un rhume. C'est encourageant et j'ai hâte que l'occasion se présente pour recommencer. Nous avions les conditions idéales avec un temps très chaud et une sieste d'après-midi un peu avancée, permettant de faire le grand plongeon pile poil entre le dodo et le goûter. Parfait. Puis le neuvième mois, c'est l'arrêt de la garderie chez l'assistante maternelle de cet été (qui n'a finalement pas de place pour septembre) et ce sont les journées de garde avec chéri, qui, en bon papa, fait le clown pour occuper son garçon. Une belle complicité continue de se lier entre eux tandis que parallèlement, je suis au taquet pour dénicher une autre nounou. Une épopée qui mérite à elle seule un nouveau paragraphe…

*

The Nounou. Ou comment chercher une aiguille dans une botte de foin. Tout a commencé alors que bébé n'avait que trois mois. Je prenais la liste que le réseau d'assistante maternelle m'avait fournie et je commençais à l'analyser. Sélection des nounous les plus proches de chez nous et début des coups de fils. J'ai tout entendu. La voix de camionneuse qui vous demande quel âge il a et qui vous répond que, non, elle ne prend pas les bébés. Celle de la grand-mère bienveillante qui vous raconte toute sa vie et semble intéressée mais compte bientôt partir en retraite. Celle qui n'exerce plus depuis deux ans et « quoi le numéro est encore sur cette liste ?? ». Ou encore la jeune fille, dynamique, motivée, sans enfant, qui vient juste d'avoir son diplôme et envisage de démarrer avec trois nourrissons. La voix éraillée de la fumeuse aussi, qui vous dit qu'elle fume plus d'une dizaine de cigarettes par jour mais pas en présence des enfants, ce qui vous amène à vous demander où sont les enfants pendant ce temps. Celle qui parle d'elle à la troisième personne. Celle qui vous annonce qu'elle n'a plus de places dans le cadre de son agrément mais qu'elle peut quand même prendre votre enfant. Celle qui pense déménager bientôt, et dont la prochaine maison sera sans doute un moment en travaux, ça ne vous dérange pas ? Puis il y a la question des tarifs. La plupart me donnait un tarif moyen mais certaines se démarquaient. Particulièrement chères ou très peu onéreuses, sans que je ne comprenne bien le pourquoi de cette différence. Et la palme revient à celle qui m'a répondu : « ça dépend, à combien vous estimez le bien-être de votre enfant ? ».

*

Quelques coups de fils étaient encourageants, voix sympa, personne professionnelle. Me voilà partie pour les visites. La première se passe bien, le lieu est accueillant, la personne chaleureuse. Elle n'emmène jamais les enfants en balade mais elle a un petit jardin. Super. La deuxième fume un peu trop à mon goût, même si elle a l'air adorable. La troisième est inenvisageable car elle utilise le parc et la chaise haute comme moyen de contention pour les enfants, j'ai l'impression de voir des chiens en laisse. La quatrième est un peu trop rétro et son chez elle, austère. La cinquième est professionnelle mais pas intéressée par notre demande car notre contrat serait trop petit (trente-neuf heures par semaine). Nous envisageons de signer avec la première quand une amie ayant accès aux fichiers de la PMI m'alerte : elle a été signalée par plusieurs parents. Notre confiance est écorchée. Retour à la case départ.

*

L'aventure continue avec deux nouvelles rencontres. L'une est toute juste diplômée et nous donne l'impression de ne pas se rendre compte de l'attention que nécessite un bébé. L'autre est expérimentée, son seul point faible est son tarif, trop élevé. Nous la sélectionnons tout de même et prévoyons une date de signature de contrat. Le jour venu, elle nous appelle pour annuler car elle a finalement « changé d'orientation professionnelle » ! Qwoha ??? Mais que voulait-elle dire une semaine plus tôt quand elle m'avait dit au téléphone : « ne vous inquiétez pas, vous avez ma parole, vous pouvez compter sur moi pour m'occuper de votre fils en septembre » ? Heureusement, chéri a fini son cdd et peut s'occuper de notre bout de chou, qui n'a donc toujours pas de nounou... Puis vient LA rencontre avec LA nounou. Repérée par son annonce sur un site internet connu où l'on trouve tout et n'importe quoi, nous la contactons assez enthousiastes. Après l'avoir vue, nous sommes carrément emballés et, à notre grande surprise, elle confirme la possibilité de travailler ensemble. Professionnelle, elle-même maman de trois enfants en bas âge, dynamique, proche de chez nous, elle pratique le portage en écharpe et la langue des signes pour bébé. Elle adhère à la motricité libre et exerce déjà depuis six ans. Je suis soulagée d'un poids. Ça y est, on a une nounou.

*

Quelques jours après notre rencontre, elle m'appelle, très ennuyée, pour m'avertir que les horaires de son conjoint ont changé. Il doit désormais travailler le mercredi après-midi, ce qui a pour conséquence de l'empêcher de travailler, elle, ce jour-là… Ah. Recherche de plan B. Après plusieurs heures de réflexion, on s'en sort en estimant qu'on pourra piocher dans les différentes options suivantes : pose d'une demi-journée de congé pour chéri ou moi, dépannage exceptionnel de l'assistante maternelle de cet été qui est ok pour nous aider, garde aléatoire de notre nounou le jour où son conjoint a posé un congé, appel à la grand-mère pour combler les trous. Bon. Ce n'est pas le top mais ça marchera peut-être. Dans le doute, on appelle une nouvelle assistante maternelle. Pour voir si on n'aurait pas encore la chance de rencontrer quelqu'un de super et de disponible tous les jours. Mais non. La personne ne nous convient pas. Donc nous restons partants pour SuperNounou et ses mercredis incomplets. En signant le contrat, j'ai du mal à réaliser ; je m'étais résignée à renoncer à ce profil d'assistante maternelle. Mais le lendemain de la signature, tout bascule de nouveau : elle me contacte pour me dire que, finalement, elle n'est plus très sûre de vouloir travailler avec nous. Elle m'a sentie exigeante et veut garder de l'autonomie dans son travail. Elle n'est pas convaincue que sa façon d'exercer réponde à nos attentes. Je vois s'écrouler la montagne que nous avions gravi et au milieu de l'avalanche j'essaye de lui expliquer combien elle se met le doigt dans l'œil de croire que nous allons être des parents enquiquinants et à quel point on est contents de l'avoir trouvé. Je suis si sincèrement désemparée qu'elle finit par se rassurer et nous clôturons la conversation en s'offrant mutuellement la possibilité de se connaître mieux et en laissant une chance à notre collaboration. Me voilà toute stressée, dans l'attente de la période d'adaptation de mon petit loup, gênée par ce début de relation houleux et à la fois soucieuse que les choses se passent bien car cette nounou là en vaut la peine. Je ne m'imagine pas retourner encore à la case départ. [La suite me montra qu'on aurait dû prêter attention à cette première discorde.

Lire ces lignes enthousiastes me laisse aujourd'hui un goût amer.]

*

Loin de ces problèmes logistiques, bébé saisit l'opportunité de profiter de son papa et ces deux-là deviennent inséparables. Pour preuve, notre fils suit désormais plus son père que moi s'il se déplace dans l'appartement. Heureusement, chéri ne se plaint pas de ces journées de garde. Il vit très bien cette situation. Par ailleurs, bébé continue ses apprentissages. Il commence à comprendre les emboitements, cerne mieux les règles de la maison (ne pas mettre ses mains dans la gamelle du chat, ne pas sucer les fils électriques…), peaufine sa communication avec nous en affinant ses grimaces et ses gestes en fonction du problème à décrire. On ne peut pas dire qu'il fasse vraiment de langage des signes pour le moment. Il n'agite pas encore la main pour dire au revoir. En revanche, quand il a faim, il montre sa bouche en faisant un grognement. Ce que je trouve déjà pas mal. Puis il se cale un rythme nouveau, avec une sieste d'après-midi suffisante pour ne pas avoir besoin de la petite demi-heure de portage en écharpe en fin de journée. Cela a aussi pour incidence d'avancer un peu le coucher du soir mais surtout de le faciliter car bébé est épuisé et s'endort plus vite, ce qui n'est pas pour me déplaire.

*

De mon côté, j'ai repris le sport. Comme c'est le soir, de dix-neuf à vingt-et-une heures, j'ai un petit stress à m'absenter. Il est vrai que je fais tous les couchers, c'est vraiment une étape où bébé veut sa maman. Ma première absence entraîne deux nuits difficiles où notre fils me cherche, crie pour que je vienne plusieurs fois dans la nuit. Mais dès ma seconde sortie, il calme ses peurs et retrouve seul le chemin du sommeil lors de ses réveils nocturnes. C'est très encourageant. J'arrive à revoir quelques amies aussi, en les accueillant pour boire un thé pendant que bébé dort. Je peux vaquer à mes occupations en soirée, sans craindre de le payer cher par une nuit blanche. En fait, la vie reprend son cours, avec ses moments pleins ou creux. Une petite routine rassurante s'est installée. J'ai parfois même l'idée d'un deuxième enfant qui m'effleure. Et je me dis : « ça va, si ce n'était que ça, on pouvait le faire, encore fallait-il savoir que ça deviendrait si vite plaisant d'être parents, encore fallait-il pouvoir se douter que derrière les quelques premiers mois de torture physique se cachait autant de simplicité et de bonheur partagé ».

*

*Chapitre 6 : **Quand la chenille devient papillon.***

*

Gros bond dans le temps et allez hop, bébé a un an. Si, si, je vous jure. Déjà. Il a marché très vite après que je vous quitte dans le précédent chapitre, mais allez savoir pourquoi, je n'avais pas envie de l'écrire sur le moment. L'envie ne me revient que maintenant. Vous voulez le détail de ce qui s'est passé ces trois derniers mois ? C'est parti.

*

Donc, la marche. Enorme évènement. Incroyable facilité qu'à l'être humain pour se lever sur ses deux jambes. Bébé n'est plus un bébé, il est un enfant. Un tout petit « nous » que j'appelle souvent « le schtroumpf ». Et ce schtroumpf-là veut faire ses premiers pas dès neuf mois, juste pour nous prouver que c'est possible. Il s'avance, le pas titubant et les bras en avant, rallongeant sa distance de jour en jour, jusqu'à nous suivre dans tout l'appartement, fier comme un coq d'être tout aussi bipède que son papa et sa maman. Très tôt, alors que son équilibre n'est pas encore sûr, il improvise même de transporter des objets. Quel étonnement pour nous de le voir évoluer ainsi. Quelle fierté aussi car il faut une bonne dose de confiance pour s'élancer dans le vide comme il le fait là ; c'est assez gratifiant de se dire qu'on lui a donné tout l'amour nécessaire à la sécurité affective dont il a besoin pour tenter l'expérience. Nous achetons de petites chaussures et… Nous nous rendons compte qu'elles ne sont pas du tout pratiques. Il s'agit de chaussures rigides, censées hyper bien tenir le pied de l'enfant, idéale pour ses premiers pas. Mouais. En réalité, non seulement elles sont dures à mettre mais en plus, le schtroumpf a l'air collé au sol avec, tellement elles pèsent une tonne. Une semaine plus tard nous achetons donc une nouvelle paire, bien souple et légère cette fois. Sachez qu'il les utilise toujours à l'heure actuelle, non plus pour ses expérimentations de pas mais désormais pour courir ! Il va très vite et se faufile donc on garde l'œil en extérieur. Chez nous, tout est sécurisé, on sait qu'il peut faire ses allées et venues sans danger mais en dehors c'est la vigilance maximale car cette autonomie de déplacement demande une surveillance plus accrue.

*

A un an, ce schtroumpf-là ne dit qu'un seul mot : *chat*. Pas papa, pas maman, non : CHAT. Certes, on en a deux chez nous, c'est donc un peu de notre faute. Mais bon, qui l'a nourri ? Qui l'a bercé ? Il ne me semble pas que ce soit le chat ! Et, cerise sur le gâteau, c'est le chat qui a les plus gros câlins. Ce n'est pas injuste franchement ? On se fait une raison et on l'écoute dire ses longs monologues à base de tatata et de pabadakaça. Il communique, c'est une évidence mais à l'heure actuelle, on peut simplement avouer qu'on ne comprend rien de ce qu'il verbalise. En revanche, on comprend où il veut en venir quand il désire quelque chose, et heureusement pour nos oreilles car la patience de monsieur n'est toujours pas son point fort. Il lui est inadmissible de ne pas se faire entendre. Il fait quelques gestes aussi. Au revoir. Bravo. Allo. Mais il n'a pas du tout l'air intéressé par les signes que nous cherchions à lui apprendre depuis bébé. Pourtant nous les faisons toujours : boire, manger, dormir, encore, fini... Bof, il s'en fout. Il a bien compris qu'en faisant un hurlement ça marchait aussi.

*

Côté nounou, on atteint des sommets sur le poissomètre. SuperNounou nous a annoncé une grossesse (non désirée, sous stérilet) deux mois après avoir commencé à travailler avec nous.

Nous devons donc lui trouver une remplaçante pour son congé maternité. Quelle perspective déprimante ! Pourtant je garde en tête que ce sera forcément plus facile que la fois précédente. Je crois même que la chance a tourné quand à mon premier coup de fil, je déniche une perle. Nous la rencontrons et elle valide notre collaboration. Chéri et moi sommes très enthousiastes, enfin de la simplicité, enfin de la tranquillité ! Mais… Et je vous jure que je ne bluffe pas… Je l'ai au téléphone deux jours plus tard et… Finalement, elle n'est plus très sûre, elle craint que le contrat ne soit trop gros pour elle, cela va lui faire beaucoup plus de travail qu'avant. Certes. Mais alors pourquoi elle nous a dit oui ? Arg. Je vois la simplicité et la tranquillité s'éloigner doucement, j'ai comme une impression de déjà-vu. Nous lui laissons une semaine de réflexion et prenons d'autres contacts pendant ce temps, au cas-où.

*

Notre schtroumpf nous réjouit, nous rend heureux tous les jours. Sauf quand il nous énerve. Oui, ça arrive. Mais globalement, je me félicite d'avoir sauté à pieds joints dans cette vie de maman. Les difficultés rencontrées n'ont rien à voir avec les débuts, c'est beaucoup plus facile, ce sont simplement des complications du quotidien ou de l'éducation. Nous sommes en plein dans l'apprentissage des règles, que notre fils adore enfreindre, juste pour voir ce qu'il se passera. Nous nous encourageons mutuellement pour garder le cap et tenir bon face à ce petit démon qui joue de nos nerfs avec ses bêtises. Mais, fondamentalement, nous adorons faire cela, car c'est partie intégrante de notre vie de parents. Et quand je vois le schtroumpf agiter son doigt pour faire « non non non » quand il est grondé, une part de moi sourit à l'intérieur.

*

Je souris aussi quand je le vois se concentrer pour prendre ses aliments dans sa cuillère. Il avait déjà trouvé le moyen de piquer à la fourchette il y a quelque temps mais la cuillère restait laborieuse. C'est désormais trouvé, sous notre regard attendri et nos bravos béats d'admiration. Il mange seul le plus souvent, sauf quand il est fatigué ou quand j'estime ne pas vouloir prendre de risque de salissures (je donne encore les yaourts moi-même par exemple). Il boit seul aussi, utilisant sa petite tasse à bec, en renversant un peu mais sans doute plus parce que c'est rigolo de patauger que parce qu'il n'a pas compris que ça coulait. Par contre, les temps des biberons restent des moments où nous trouvons notre place. Il n'essaye même pas de le faire seul et pourtant il en serait largement capable mais c'est son petit instant de régression, comme j'aime à l'appeler. Un temps pendant lequel il se repose et redevient bébé. Les poings fermés, le regard dans le vague et la tête blottie contre nous, il tète activement jusqu'à la dernière goutte. C'est un moment privilégié dont j'aime profiter, une des rares occasions de contact calme et de silence partagé.

*

Rectificatif : il y a peu j'ai écrit au sujet de l'éducation en disant « nous adorons faire cela ». Finalement non. Plus maintenant. Nous commençons sans doute (déjà) à fatiguer de cette situation. Il nous teste, nous provoque en faisant les choses interdites juste sous notre nez, en nous regardant avec un petit sourire coquin qui dit « je vais te faire tourner en bourrique ». Il reproduit encore et encore les mêmes gestes pour nous faire dire NON. NON, *non*, Non, **NoN**, je le dis sur tous les tons, parfois d'une voix douce et calme, parfois apeurée quand il risque de se blesser ou encore fâchée, quand vraiment – mais vraiment ! – j'en ai marre ! Dur dur de garder son sang-froid, même si l'on sait que, justement, c'est ce que cherche le loustic. Nous faire monter sur nos grands-chevaux ou nous faire céder par perte de patience. J'ai lu des tas de choses sur le *comment* et le *pourquoi* de cette phase d'opposition, j'en ai retenu que nous la démarrons en avance et que nous ne sommes pas au bout de nos peines. A l'heure actuelle, il suffit d'aller jusqu'à lui pour le prendre par la main et l'emmener ailleurs. La seconde suivante, il s'échappe en courant pour recommencer et c'est alors que le manège reprend. Je tente pas mal de diversions, qui marchent le plus souvent et, il m'est arrivé, quand j'étais usée par ces allers-retours, de le mettre dans sa chambre pour qu'il réfléchisse. Bon pas sûr qu'il ait des masses cogité mais pour sûr il a hurlé et compris que je le mettais tout seul parce que je n'étais pas contente de son comportement. Ma punition (beurk, je n'aime pas ce mot) n'a duré qu'une ou deux minutes mais déjà je me questionne : suis-je en train de me fourrer le doigt dans l'œil jusqu'à l'omoplate avec cette technique éducative ou suis-je sur la bonne voie pour élever mon fils ?? Quand on regarde autour de soi, les profils éducatifs sont si variés qu'on comprend qu'il faut soi-même faire sa cuisine. Mais je me sens assez débutante en la matière et j'ai l'impression d'avoir à réaliser un gâteau de mariage alors que je maîtrise à peine les bases de la tarte à la pomme.

*

Un mois plus tard… La question de l'éducation reste ma principale interrogation. Schtroumpf grincheux mange désormais ses yaourts seul, du haut de ses treize mois et demi, il estime ne plus avoir besoin d'aide pour rien du tout à table, et si je m'aventure à vouloir lui filer un coup de main, c'est la crise, le valdinguage d'aliments, le lancer de fourchette pour signifier « laisse-moi tranquille, je sais faire tout seul ». Alors je dois fermer les yeux sur les quelques bavures et retenir mes envies de stabiliser une cuillère malencontreuse ou d'aider à piquer dans un aliment. Et comme la patience n'est toujours pas son fort, il ne faut pas faire trop trainer l'arrivée de l'assiette ou celle du dessert, il faut vite comprendre quand monsieur a fini mais ne surtout pas le faire sortir de table s'il en voulait encore. Crise de rage à chaque contrariété bonjour ! Or il y a tellement de source de déception ou de frustration que schtroumpf grognon passe d'une colère à l'autre. *Je veux passer l'aspirateur.* Puisque c'est sa nouvelle lubie, c'est devenu extrêmement propre chez nous, mais il y a un moment où JE décide que ça suffit, que l'aspirateur c'est un peu bruyant, que l'électricité, ça coûte un peu cher et qu'apprendre le rangement, ce n'est pas mal non plus. Mais mon schtroumpf de ménage n'est jamais de mon avis, il partage avec l'aspirateur un amour inconditionnel et supporte mal que celui-ci soit hors de sa vue. *Je veux me laver tout seul.* A la base, j'étais contre. Risque de glissade, de prendre froid parce qu'on est trop lents. Bon Schtroumpf têtu a su trouver les arguments : la guerre tous les jours ou une coopération ? J'ai choisi la deuxième option. Mais on a des difficultés de réglages. De l'eau notamment. Il allume l'eau, je tire le bouton qui permet que l'eau aille dans la pomme de douche et je commence à l'arroser… Puis il éteint l'eau. Il rallume aussitôt et ré-éteint avant même que je n'ai eu le temps de tirer le bouton. Et ça recommence en boucle, en me laissant plus ou moins le temps de le mouiller. Dans ma tête deux petites voix s'affrontent : « noie-le et il ne t'embêtera plus ! », « il faut le comprendre, c'est une superbe découverte », « si tu ne veux pas le noyer, tu l'assoies et un point c'est tout », « félicite-le pour ces apprentissages et sois fière de ton fils ». Si j'arrive à le rincer, j'écoute la petite voie angélique, je l'enroule dans sa cape de bain et je l'emmène dans sa chambre en le félicitant. Si, en revanche, la situation s'éternise et que j'ai vaguement l'impression que la douche est une occasion de plus de me faire tourner chèvre, les cornes me poussent et je passe en mode diablesse. Cinq minutes plus tard, je regrette de m'être énervée, je m'interroge sur ce qu'il faut vraiment faire. Question toujours en suspens. *Je veux m'habiller tout seul.* (A noter que cela arrive donc parfois après l'épisode de la douche, alors qu'on est déjà en zone rouge). Schtroumpf naturiste n'aime pas les vêtements. Parce que, certes, il a compris que ça s'enfilait, mais à chaque fois qu'il essaye seul, cela ne marche pas. Donc il estime que cela ne sert à rien et il les jette plus loin dans la pièce (pas encore assez loin pour me faire laisser tomber). *Je veux cuisiner avec toi.* Comment dire ? TU GENES ! Mais, quand je suis de bonne composition, je fais semblant que non, et je le prends au bras pour lui montrer ce que je fais. J'ai ainsi pu développer de nouveaux talents, tel que casser des œufs à une seule main ou tourner le rôti du four en restant de profil… Sinon, j'utilise l'astuce du « tiens, voilà une cuillère/un fouet et un récipient quelconque » pour que mon petit schtroumpf joue à cuisiner comme maman. Et, ça, ça marche. Ouf. Ce qui diminue aussi (un peu) (parfois) les difficultés de communication, ce sont les signes de LSF, qu'il commence à utiliser (enfin). **Encore** est celui qui retient le plus son attention à l'heure actuelle car il a compris que cela lui permettait de reprendre du dessert. Bon. Passons.

*

Côté bonnes nouvelles ? Remplaçante de Supernounou dénichée et très prometteuse ayant signé un contrat d'engagement réciproque. Pas de rebondissement souhaité. Permanence des nuits en situation stable (j'entends par là : hors poussée dentaire, maladie ou déplacement pour week-end). Test numéro trois de la piscine : check. Sans complications, avec bonheur et photos souvenirs. Mais surtout, nouveauté absolue dans ma vie à moi : découverte d'une blogosphère qui traite de mes problématiques. Je m'étais jusqu'alors focalisée sur les soucis d'intensité de mon fils, j'ouvre désormais la porte virtuelle d'autres jeunes mamans lambda, qui traitent leur actualité (et donc un peu la mienne) et qui donnent des pistes pour ne pas rester les deux pieds dans le même sabot. Concrètement, j'ai perdu mon cercle d'amis, et nous fonctionnons tous les trois en vase clos. Surfer un peu sur la toile me laisse apercevoir des possibilités de changer les choses. A priori, oui, on peut sortir avec un enfant, on peut rencontrer de nouvelles copines et on peut même rester branchée. OK. Ce sera mon challenge de l'année, ma résolution prise en février : retrouver le chemin de l'amitié.

[Info subsidiaire : un an plus tard, je renouvelle cette résolution. Sans vouloir vous casser le suspens, c'est quand même que ça n'a pas très bien marché.]

*

Chapitre 7 : **Rien que des mots, toujours des mots.**

*

J'ai envie de dire ce que j'ai gardé pour moi avant. Car j'ai des regrets. Et l'impression de payer cher mes erreurs. Pire, mon fils les paie aussi. Toujours cette histoire de nounou... Peu de mamans peuvent se targuer comme moi d'être rendues à leur troisième nounou à l'aube du 15ᵉ mois de leur enfant. Chanceuses. Nous démarrons avec NounouN°3. Je l'aime bien, vraiment. Heureusement car la bascule est déjà dure donc ce serait l'horreur si je ne l'aimais pas. Et je SAIS que c'est une bonne chose de changer car, ce que je n'ai jamais osé dire sur SuperNounou tant que mon petit loustic y était c'est, qu'en vrai, je ne l'aimais pas. Impossible de lui parler de son travail, madame est susceptible et à mis les choses au clair dès le début : elle fait comme elle veut, sinon on arrête. Nous l'employons mais c'est elle qui fait toute la paperasse et si on a le malheur de trouver des erreurs dans ses calculs, on se fait presque engueuler, on s'excuse de la déranger pour lui signifier qu'elle s'est trompée ou bien on fausse un peu nos déclarations pajemploi pour éviter de lui en parler ! Mais récupérer mon schtroumpf en morceau le soir, ça me foutait grave les chocottes. Rien que d'y penser j'en ai les larmes qui montent. Le problème c'est que SuperNounou garde trop d'enfants, elle ne peut pas bien s'occuper de chacun et chez elle, ça hurle tout le temps. Rien qu'en cinq minutes, le temps de récupérer le mien, ça me fatigue. Et comme c'est trop bruyant, mon bébé se met dans des états d'épuisement terribles, à s'en jeter la tête par terre (ce n'est pas une blague, il le faisait vraiment). Puis ~~SuperNounou~~ (arrêtons l'hypocrisie) NounouN°2 *enceinte*, c'est forcément quelqu'un de plus fatigué [à qui j'ai proposé plusieurs fois de passer le relai à sa remplaçante qui était disponible depuis un bail !].

*

Donc nous voilà avec un enfant de 15 mois, qui se retrouve en adaptation pour la troisième fois, qui ne comprend sans doute pas bien tout ça, qui hurle quand je pars le matin, bien que je prenne une vingtaine de minutes sur place pour ne pas le laisser trop brutalement. Voilà notre chérubin qui est tout stressé, nous fait un peu la tête, ne cesse de râler, se re-réveille la nuit (oui, on s'y attendait). Mais, chez NounouN°3, schtroumpf perdu DORT. Il ne fait pas (encore) (oui je vends la peau de l'ours mais j'y crois…) ses siestes en entier mais il dort, il se couche et il dort un morceau de sieste, comme ça, à l'aise. Facile. Dès le premier jour et tous les jours suivants. Comme quoi, se dit la maman-remord qui est en moi, il y avait bien un truc qui ne tournait pas rond chez la précédente pour qu'il ne dorme pas. Donc j'ai laissé mon fils chez quelqu'un chez qui il était mal pendant des mois > Culpabilité. Je n'ai pas su choisir la bonne personne pour s'occuper de lui > CULPABILITE. J'ai la boule au ventre, le sentiment d'être la plus mauvaise maman de la terre, envie de tout envoyer balader pour le prendre dans mes bras et de lui dire que ça y est, maman est là, maman ne part plus. Mais ce n'est pas au programme. Ce qui est prévu ? Que ça marche avec cette nounou-là, que mon fils s'y plaise, s'y sente bien, y grandisse sereinement. Et si ça fonctionne, faire tout ce qui sera nécessaire pour qu'il ne retourne plus chez NounouN°2 car la bonne blague de l'année c'est qu'on ne peut pas la licencier (vu qu'elle est enceinte). Je veux dire, je comprends bien que les femmes enceintes ont besoin de garder leur poste mais là, il s'agit de lui mettre mon fils en garde pour lui assurer un revenu. Où est l'intérêt de l'enfant ? Dans six mois il ne saura plus qui elle est, il aura pris ses marques avec NounouN°3 et s'il y est bien je ferai le nécessaire pour qu'il y reste, parole de maman-qui-a-suffisamment-nié-son-ressenti-jusqu'à-présent-et-qui-ne-compte-pas-continuer.

*

Deux mois plus tard, ce n'est pas compliqué, notre vie a tellement changé que de repenser à celle d'avant me fait l'effet d'un vieux souvenir. Vous savez, du genre de ceux qu'on vous remémore un soir de grande discussion au coin du feu. Où votre œil s'allume au rappel de cette antiquité de vie déterrée. « Incroyable mais oui, je me rappelle de cette vieille histoire ». Ma nouvelle version de schtroumpf est désormais tout à fait au point question adaptation. Il dort normalement, toutes ses siestes, toutes ses nuits (sauf problème médical, faut pas pousser). On le récupère en forme et on peut enfin PROFITER de lui en revenant du travail. Un terme qui nous était jusqu'alors étranger. On peut jouer, lire ou aller au parc en fin d'après-midi par exemple. On peut partir un week-end ailleurs sans galérer : testé et super-approuvé. Parce qu'il n'y a pas à dire, un enfant mieux reposé, ça change carrément tout. C'est de meilleure humeur, ça te pète pas une colère à chaque pas de porte. Ça ne hurle pas dans la voiture. Ça ne chouine pas dans l'ascenseur. Ça n'a pas besoin que tu marches une heure avec lui dans l'écharpe pour le faire récupérer avec une petite sieste. C'est plus calme dans le bain et surtout **après** le bain – clin d'œil à tous les parents qui ont déjà tenté d'habiller un enfant qui ne voulait pas. Ça ne te balance pas l'assiette amoureusement préparée dans la tronche parce que la fatigue lui coupe l'appétit. Ça ne te fait pas une crise de nerf au coucher parce que le cerveau, après tout ça, disjoncte carrément. Non. Un enfant reposé ça rentre à la maison tranquillement, ça joue, ça rigole dans le bain, ça râlouille un peu des fois mais rien à voir avec le mode extrême du total craquage, ça mange et c'est content de se coucher. Voilà. Nous sommes ravis de ces changements et refusons de revenir en arrière. Après m'être renseignée, il semble qu'on peut embaucher deux nounous en même temps le temps que le licenciement de NounouN°2 soit effectif. J'en ai parlé à NounouN°3 mais elle n'a pas été super claire sur sa motivation ou non à continuer avec nous donc j'ai un petit nœud au ventre qui attend qu'on le démêle.

[A posteriori, je confirme que nous avons continué avec N°3, qui mérite décidément l'oscar de la meilleure nounou.]

*

A dix-sept mois, schtroumpf bavard a son langage à lui. Il y a bien quelques mots reconnaissables par-ci par-là mais rien de folichon. Adieu conversations et négociations. Il veut connaître le nom de toutes les choses depuis déjà quelques semaines. Il dit « ça » en montrant tout et n'importe quoi et il faut lui dire ce que c'est. Si on ne le fait pas ? Il répète « ça » en boucle en devenant de plus en plus insistant. J'imagine que c'est le fameux enrichissement du vocabulaire. Idiote que je suis j'avais cru qu'avant de chercher à retenir tractopelle, guirlande lumineuse et plaque d'égout, il aurait déjà pris la peine de prononcer plus de dix mots. Oui, dix. On n'a pas beaucoup avancé ! Papa, maman, chat, tato (gâteau), tonton, ta (tiens), ça, atta (attends), dodo et … (roulement de tambours)… Non ! La phase d'opposition continue de s'installer. Quel caractère ! Quelle affirmation de soi ! Je croyais pouvoir discuter un peu des désaccords lorsqu'elle pointerait le bout de son nez mais quelle discussion voulez-vous avoir avec les mots cités ci-dessus ?

*

Quinze jours plus tard, on commence à entrevoir l'explosion lexicale. On nous l'avait promis, arrive un moment où tout s'accélère. Parmi les grands moments : la répétition inattendue de « au revoir », le mot « poussette », les prénoms des copines de la garderie (Ester, Hikram) et plein de petits nouveaux mots au quotidien, parfois pas tout à fait finis comme « croq » pour croquettes, parfois bien entiers comme « crème » (c'est dans le petit rituel du bain de mettre de la crème hydratante). En tout cas, ça y est, la volonté de communiquer est là. Pour preuve, le langage des signes, pratiqué par nous depuis le début l'est enfin aussi par notre schtroumpf. C'est tellement appréciable de le voir verbaliser des choses, je retrouve la fascination ressentie lors des progrès moteurs et j'applaudis à chaque petite syllabe qui sort de sa bouche !

*

A 20 mois passés, le langage reste la priorité, mais ça a l'air drôlement laborieux comme apprentissage. D'autant que schtroumpf curieux ne fait pas la différence entre les mots d'usage courant et ceux plus ardus, d'utilisation occasionnelle. Il semble tenter de tout retenir, avec toutefois une priorité actuelle sur les moyens de transport, visiblement fascinants pour le petit garçon qu'il est. Tram, bus, camion, voiture et autres engins de chantier retiennent son attention. Il nous sollicite à chaque fois qu'il en voit (soit environ chaque seconde que nous passons dans la rue) et il affectionne de jouer avec dans l'appartement. C'est tout à fait jouissif pour nous (parents un peu usés) de découvrir ses capacités à jouer SEUL avec le MEME jouet pendant plusieurs minutes consécutives et ceci plusieurs jours d'affilée. Ouahou. L'imagination de notre schtroumpf est en plein développement, il arrive à s'inventer des histoires, il a moins besoin de nous pour les lui raconter, même si, parallèlement, il adore se lover contre nous pour lire un livre. Ah tiens ! Cela me fait penser qu'il est désormais capable d'ECOUTER une histoire. Chose improbable avant, il s'assied et écoute vraiment ce qu'on raconte, sans gigoter en tous sens, sans décider de tourner les pages à l'envers, sans se barrer en plein milieu d'une phrase. Yiiha. En revanche, ne rêvez pas… Certes, il comprend tout TREEEES bien (oui, oui, même les doubles consignes telles que « jette ton papier à la poubelle et viens t'asseoir ici »). Certes il a un vocabulaire de plus en plus riche. Mais… Comment dire… Il n'a toujours pas hyper envie d'être dans la coopération. Il part en courant dans le sens inverse de celui demandé s'il ne veut pas quitter le parc. Il construit des échafaudages pour atteindre les clés sur le plan de travail afin de s'amuser à les mettre dans la serrure. Il veut à tout prix appuyer sur tous les boutons de l'ascenseur. Il tient à mettre son pantalon tout seul, peu importe le sens. Il ne supporte pas l'idée d'attendre. Le seul moment où il s'allonge dans le bain est le moment où je dis qu'on en sort. Et passer par-dessus les canapés est un jeu de rapidité.

*

Enfin, il faut que je vous fasse partager notre beau ressenti : nous sommes heureux. Cette vie de famille est formidable. Riche en amour, en jeux, en rires, en balades, en repas partagés, en découvertes, en émerveillements, en questionnements, en chances et en joies. Depuis déjà quelques mois, nous sommes sur un petit nuage, les choses glissent seules, sans complications. Depuis que nous avons la bonne nounou, notre schtroumpf est apaisé, notre vie est simplifiée. Voilà environ un mois que la sieste du matin a disparu et notre rythme de vie est très acceptable : lever à 7h, nous avons toute la matinée pour profiter d'une activité, pour faire des courses ou voir du monde, avec pour seule contrainte horaire d'être à table vers midi car la sieste s'impose dès 13h et jusqu'à 15h30 environ, heure après laquelle nous pouvons de nouveau jouir d'une grande liberté jusqu'au repas du soir à 19h. Le coucher, à 20h, nous laisse en tête à tête, avec toutes les possibilités de sorties, de films ou de bavardages que l'on peut espérer retrouver en tant que couple. Voilà. Je tenais à faire ce petit aparté car il me paraissait important de contrebalancer toutes les remarques négatives que j'ai développées dans ce livre par honnêteté et transparence. Pour être ainsi tout à fait authentique, j'ai envie aujourd'hui de vous dire que ça vaut tellement le coup que l'idée d'un numéro deux continue de me chatouiller le cerveau et qu'il se pourrait bien qu'on se lance très bientôt.

*

Cinq jours avant son deuxième anniversaire, son vocabulaire continue de s'enrichir. Ses mots s'assemblent, parfois dans le bon sens : « tiens maman prends », parfois pas « gâteau manger papa », mais ils s'assemblent et c'est tout à fait attendrissant. Mon schtroumpf me surprend parfois par son sérieux, ses capacités d'attention, il me donne l'envie de dire « mon grand » et me fait écarquiller les yeux devant ses progrès fulgurants en graphisme, en langage, en puzzle... Il s'intéresse aux chiffres depuis quelques semaines et essaye de compter ou de les reconnaître quand il les voit écrits quelque part (les pancartes dans la rue, les boutons de l'ascenseur). Il s'active à retenir les couleurs et à savoir les identifier. Bon, pour le moment, la plupart des choses sont bleues ou jaunes à ses yeux mais il essaye. Rouge, rose, orange, marron, vert, blanc, noir, violet ; il nous interroge en nous montrant quelque chose puis répète après nous en cherchant à retrouver les objets qui sont de cette couleur. Il sait aussi désormais faire de belles constructions en emboitant des pièces ou en les superposant. Bref, vous l'aurez compris, il est fort, très fort. Est-ce ma vision parce que c'est mon fils ? Sans doute. Car en prenant un peu de recul les autres sont très forts eux-aussi, mais que voulez-vous, quand c'est mon chérubin qui fait une prouesse, ça m'impressionne toujours bien plus.

*

Nous touchons à la fin de cette histoire. Celle de ma maternité puis de mes débuts en tant que maman. Sans doute similaire à la vôtre sur certains points et divergente sur d'autres. J'avais avant tout envie de vous dire que c'était dur, que devenir parents était une épreuve qu'il ne fallait pas minimiser. J'avais la volonté de parler de ce que tout le monde tait parce que j'étais fâchée de me sentir si seule dans mes galères de jeune maman. Côté solitude, il y a eu peu de changements. Même si j'ai des contacts avec des voisins, des collègues, des partenaires sportifs et quelques amis éloignés, je n'ai finalement plus grand monde autour de moi. Pourtant je suis heureuse. Pas heureuse à chaque instant, non, car il y a plein de moments où les bêtises, les cris et l'agitation me tapent sur les nerfs (et pas qu'un peu). Mais heureuse globalement. Je suis émerveillée de le voir réussir, sourire, nous prendre dans ses bras, de l'entendre dire qu'il m'aime ou que son père est beau. J'aime quand, les yeux tout enfarinés par la sieste, il me raconte son dernier rêve. Quand il trouve bon mon repas, qu'il rigole à mes blagues, veut qu'on retourne se cacher ou se colle contre moi pour écouter une histoire. Quand il se met à chanter, en ne connaissant que la moitié des paroles mais en y mettant tout son cœur. Quand il s'applique à ouvrir un pot, tracer un trait, faire du ménage. Quand il plie le linge et qu'il le range *à sa façon*. Je trouve mon bonheur à le voir là, tout simplement, et à le regarder grandir. Je suis heureuse et c'est la raison pour laquelle mon récit s'arrête ici. L'apologie de la femme-mère a sans doute été suffisamment décrite par le passé, je ne vais pas alourdir ce côté de la balance mais je vais quand même lui reconnaître sa vérité et vous dire que oui, devenir parents est la meilleure chose qui nous soit arrivée à Chéri et à moi.

*

Table des matières

Préface (page 7)

Ch. 1 – Enceinte ! (page 8)

Ch. 2 – Bébé… Ou l'arrivée d'un tsunami (page 26)

Ch. 3 – Devenir ~~marathonienne~~ jeune maman (page 45)

Ch. 4 – Le grand tunnel (page 58)

Ch. 5 – Un deuxième souffle (page 75)

Ch. 6 – Quand la chenille devient papillon (page 96)

Ch. 7 – Rien que des mots, toujours des mots (page 104)